JN279312

概説
現代日本のことば

佐藤武義

編著

朝倉書店

執　筆　者

佐　藤　武　義* 　東北大学名誉教授〔第1章〕
島　田　泰　子 　二松學舍大学文学部助教授〔第2章〕
陳　　力　衛 　目白大学人文学部教授〔第3章〕
小　林　千　草 　東海大学文学部教授〔第4章〕
田　島　　　優 　宮城学院女子大学学芸学部教授〔第5章〕
犬　飼　守　薫 　椙山女学園大学文化情報学部教授〔第6章〕
増　井　典　夫 　愛知淑徳大学文学部教授〔第7章〕
大　西　拓一郎 　国立国語研究所研究開発部門主任研究員〔第8章〕
揚　妻　祐　樹 　藤女子大学文学部教授〔第9章〕

*編者　　　　　　　　　　　　　　　　　　　　　（執筆順）

はじめに

　日本は，幕末から明治期にわたり，欧米諸国の影響を受けて政治情勢・社会情勢をはじめ，あらゆる面で近代化の名のもとに大きな変貌を遂げた．そして，欧米諸国と同様に近代的な社会を作りあげるために，各分野で欧米諸国に追いつこうとする意欲に満ちていた．それ故，伝統に縋(すが)りつこうとする者は，「因習家」「旧弊家」のことばのもとに一刀両断に切り捨てられることにもなった．

　日本語も同様に大きな変貌にさらされざるを得なかった．欧米諸国並みになろうとするのであるから，日本語も欧米諸国並みのことばに対応させるか，対応できなければそうなるように努めなければならないと考えたのは当然である．

　優位な欧米文化に接触した場合，それをいかに処理するかは，すでに日本には長年に亘る，その受容の伝統があった．すなわちポルトガル・スペインの南蛮学，蘭学，もっとさかのぼれば漢学の受容の歴史である．おおむね，外国語を受容する場合には，古代から翻訳語（古代では「白雪」を「しらゆき」とする翻読語(はくせつ)），外来語として受容していた．南蛮学以降，翻訳語は，すでにある漢語を利用して対応させる場合が一般であったが，漢語になかったり，捜しあぐねた新概念の翻訳語には新たに漢語（和製漢語）を考え出して対応させた．その結果，日本語の中に従来になかった，おびただしい新漢語が登場することになり，これらを知るために簡便な漢語辞書が数多く明治前期に刊行されることにもなった．

　日本語の近代化は，まずこれらの新漢語と旧来の漢語との混沌状態と融合の二面性を抱えこみながら押し進められた．

　一方，漢語で示せない外国語やファッショナブルな意味をこめた外国語は，

外来語として取り入れた．しかし，現在まで用いられて日本語の基本語に組み込まれた外来語と，まもなく使用されなくなった外来語もあり，栄枯盛衰がいちじるしいのであるが，これを翻訳語に変更して現在まで用いられ続けている語もある．

　欧米語の影響は，語彙面だけでなく，表現形態や構文にも大きな影響を与えずにおかなかった．表現形態として欧米語と比較して，書きことばと話しことばとが二途に分かれているのは，近代性に欠けるとして，言文一致運動が起こり，かつ，欧文脈の構文を取り入れた文章が新しく登場してもいる．日本語の近代化は，上の分野でも大々的に行われたのである．

　しかし，方言も標準語の確立の中で，阻害されようとしたが，近年は方言の回帰が図られつつあるとみられる．

　これに対し，和語は，圧倒的な翻訳語や新文体・構文の中で逼塞状態であったかというと，そうではなく，基本語の構成要素としてしぶとく作用していて，現在まで生命力のあることばは，和語によってまかなわれているのである．

　本書は，上のように，明治以降大きな変化を遂げた日本語の語彙に注目して，近現代の語彙中心の概観を試みたものである．近現代の日本語を学ぶ学生のテキストないし参考書として，また，近現代の日本語に関心をもつ一般の方々の教養書としてもまとめたものである．すこしでも役に立つことができるとすれば幸いである．

　末筆ながら，本書がなるにあたり，朝倉書店編集部にお世話になった．記して謝意を表する次第である．

　2005 年 5 月

編著者　佐 藤 武 義

目　次

第1章　総　説 ……………………………………………… (佐藤武義)…1
　1.　ヨーロッパ語との最初の接触　*1*
　2.　オランダ語との接触　*3*
　3.　英語との接触　*6*
　4.　近代の日本語　*8*

第2章　漢語の現代 ………………………………………… (島田泰子)…17
　1.　明治維新期の漢語使用の実相　*17*
　　(1)　漢語の流行とその社会背景　*17*
　　(2)　明治維新期の漢語資料　*19*
　2.　明治維新期以前の漢語と近代の漢語　*22*
　　(1)　明治期における漢語の諸相　*22*
　　(2)　語形の変化　*24*
　　(3)　意味の変化　*27*
　　(4)　用法の変化　*30*

第3章　新漢語の現代 ……………………………………… (陳　力衛)…32
　1.　新漢語の出現　*32*
　　(1)　新漢語の範囲　*32*
　　(2)　新漢語発生の土壌　*33*
　　(3)　新漢語の形成　*37*
　2.　新漢語の受容　*40*
　3.　新漢語の展開　*44*

第4章　外来語の現代 ……………………………………（小林千草）…49

1. 「外来語」の概念と用語　*49*
2. 外来語の受容と現状　*51*
   - (1)　キリシタンのもたらした外来語　*51*
   - (2)　「スピリッツ」の受容と現状　*52*
3. 明治時代の外来語とその特質　*53*
   - (1)　翻訳小説より　*53*
   - (2)　『当世書生気質』に反映された外来語　*56*
   - (3)　英語圏以外からの外来語　*59*
4. 日本製の外来語　*60*
5. 外来語の未来　*63*

第5章　漢字使用の現代 ……………………………………（田島　優）…65

1. 和語の漢字使用　*65*
   - (1)　漢字使用の減少　*65*
   - (2)　漢字仮名交じり文における漢字使用　*68*
   - (3)　和語の複数表記　*68*
   - (4)　和語の熟字表記　*69*
   - (5)　漢字表記に関わる国語政策　*71*
2. 漢語の漢字使用　*73*
   - (1)　漢語の複数表記　*73*
   - (2)　表記の交替　*74*
   - (3)　漢語と漢語，漢語と和語との同一表記　*75*
   - (4)　表記のための別の漢語の利用　*76*
   - (5)　同音表記確立の必要性　*77*
   - (6)　漢語の表記に関わる国語政策　*79*

第6章　辞書の現代 ……………………………………（犬飼守薫）…81

1. 辞書の歴史　*81*
   - (1)　辞書の種類　*81*

(2)　近世の諸辞書　*82*
　　(3)　漢語辞書の出現　*83*
　　(4)　近代国語辞典の誕生　*84*
　　(5)　国語辞典の実用化　*90*
　　(6)　大型国語辞典の誕生　*91*
　　(7)　現代の国語辞典の世界　*93*
　2.　辞書の中の日本語　*95*
　　(1)　時代と歴史をあらわす言葉　*95*
　　(2)　言葉の意味と使い方　*97*
　　(3)　辞書にない言葉　*97*

第7章　和語の現代 ………………………………………（増井典夫）… 99
　1.　和語とは　*99*
　2.　名　　詞　*100*
　　(1)　青田買い，青田刈り　*100*
　　(2)　売れ残り　*101*
　　(3)　黄色い声　*101*
　　(4)　月並み　*102*
　　(5)　まじ　*102*
　　(6)　接頭辞　*103*
　3.　動　　詞　*104*
　　(1)　接頭辞＋動詞　*104*
　　(2)　動　詞　*105*
　4.　形　容　詞　*106*
　　(1)　えらい（ゑらい）　*106*
　　(2)　どぎつい　*107*
　　(3)　しんどい　*108*
　　(4)　すごい　*108*
　　(5)　せこい　*108*
　　(6)　でっかい　*109*

  (7)　やばい　*110*
  (8)　〜っぽい　*110*
 5.　副詞・助動詞など　*111*

第8章　方言の現代 …………………………………（大西拓一郎）… 113
 1.　方言と標準語　*113*
  (1)　方言とは何か　*113*
  (2)　標準語とは何か　*115*
 2.　方言の全国調査　*116*
  (1)　国語調査委員会　*117*
  (2)　『日本言語地図』　*117*
  (3)　『方言文法全国地図』　*120*
 3.　初等教育の中での方言　*123*
  (1)　忌避されてきた「方言」　*123*
  (2)　価値観の転換　*124*
 4.　方言の現状と将来　*125*
  (1)　衰退する伝統方言　*125*
  (2)　使い分けの時代へ　*127*

第9章　文体の現代 ………………………………………（揚妻祐樹）… 128
 1.　口　語　文　*128*
 2.　普　通　文　*130*
 3.　欧文直訳体　*131*
 4.　言文一致体　*134*
  (1)　前　期　*134*
  (2)　後　期　*137*
 5.　現代の文章　*139*

参　考　文　献 ……………………………………………………………… 141

付録1　本文中でとりあげた文学作品と他の資料 ……………… 147
付録2　近代日本語史年表 ……………………………………… 158

索　　引 ………………………………………………………… 169

1. 総　　説

1. ヨーロッパ語との最初の接触

　14世紀から16世紀にわたってヨーロッパに興ったルネサンス運動の時期には，科学技術の進歩もいちじるしく，それに伴う航海術の発達がヨーロッパ人をヨーロッパ以外の地域に目を向けさせた．今までヨーロッパ人にとって未知の土地の，いわゆる地理上の発見をヨーロッパにもたらした．これを契機に，まず世界の海上権を握ったポルトガル人がアジアに進出し，天文12年（1543）に大隅（鹿児島県）の種子島に漂着して，鉄砲を伝え，まもなく九州諸大名をはじめ織田信長の知遇を得て，キリスト教の布教の保護を受けるとともに，中国産の生糸，絹織物，東南アジア産の香料，染料，ヨーロッパ産の鉄砲，毛織物などを日本に伝えた．一方，天文・地理・数学・測量，造船などの学術分野をも当時の知識人に伝授した．これらで作りあげた生活様式を南蛮文化といい，学術分野は，後に蘭学に対して，とくに南蛮学と称した．日本語に影響を与えたポルトガル語は，日本語にその概念や事物名がなかった場合，外来語として取り入れられている．後に他の外国語が日本に入ってきて，同一の概念・事物名があっても，その外国語を外来語として使うことはほとんどなく，ポルトガル語を外来語として日本語の中に定着させて使うところに大きな特徴がある．キリシタン用語だけは，

　　アンジョ（anjo 天使）　イルマン（irmão 宣教師）　インヘルノ（inferno 地獄）　クル

ス（cruz 十字架）　パテレン（padre 神父）　パライソ（paraiso 天国）　ビルゼン（virgem 処女）

の諸語等が挙げられるが，現在まで外来語として使う例は皆無である．これらの宗教用語は，仏教用語との関係で，信徒の寡多，江戸幕府の禁教令等により，一般の人々の中に浸透できなかったのである．宗教用語以外の語は，反対に現在の日本語から排除できないほど日本語化がいちじるしい．とくに，当時の日本社会の日常生活に無縁であった，ヨーロッパ社会特有の日常生活用品名は，それをそのまま外来語として取り入れるか，意味を理解して翻訳した訳語を作るかの方法をとっていた．目立つのは外来語としての受容で，

衣服関係…カッパ（capa 合羽）　カナキン（canequim 金巾）　カルサン（calção 軽衫）　サラサ（saraça 更紗）　ジュバン（gibão 襦袢）　ラシャ（raxa 羅紗）
飲食関係…アルヘイとう（alfeloa＋糖 有平糖）　カステラ（pão de Castella 加須底羅）　コンペイトウ（confeito 金平糖）

の例は，最初仮名書きであったものが，後年漢字表記されたもので，衣類であれば「衣」偏，「糸」偏，飲食であれば「米」偏の漢字の音を該当する外来語の音にあてていて，あて字の表記となっている．一方，外来語の意味を考えて，翻訳語を示しながら，外来語で読む語が，

カボチャ（Cambodia abóbora 南瓜）　ザボン（zamboa 朱欒）　タバコ（tabaco 煙草）　ビロード（veludo 天鵞絨）

などの例がある．これらの漢字表記は，翻訳語であるが，その出自は中国語である．しかし，これらを「煙草」「南瓜」と読むが，字音語として「えんそう」「なんか」とは読まない．外来語として使うことは，遠くから舶来された上等な品物の印象を聞く者に与えたものであろう．

　ポルトガル語を日本語の中に受け入れる場合，近世においては，仮名表記とともに，漢字表記すなわち万葉仮名風に，または中国の漢語を翻訳語風に用いる傾向が強いが，この漢字表記に定着した語と，定着しない語とがあり，漢字表記が定着した語は，使用度が高く，その語なくしては対象とする舶来の事物を示すことができない語であった．

一方，ポルトガル人が海洋を通って東洋に進出できた根底には，ヨーロッパにおいて航海術・測量術が十分に発達していたことが挙げられる．伊能忠敬が日本全国の実測地図作成を可能にした素地は，すでに南蛮学からの長い伝統があったからと推定できる．また，ことばについても，近世日本の測量術において測量標を「めあて（目的）」と称し，後に音読して「目的(もくてき)」となっているが，この源流は南蛮学までさかのぼれるのではないかと考えている．

　このようなケースが他にも考えられるため，今後，南蛮学を通しての近代的な学問用語の，日本語に及ぼした影響の研究は無視できないのである．

2. オランダ語との接触

　近世に入り，ポルトガル人のキリスト教布教が全国に広がりをみせるにつれ，在来の仏教・儒教と対立するようになる一方，ヨーロッパの制覇の新興国のオランダ・イギリス（プロテスタント）と旧教国のポルトガル・スペイン（カトリック）との対立を日本にもちこんだため，幕府は鎖国令を数次（寛永10-16年〈1633-39〉）に亘り出し，結局布教主体のポルトガル人を追放し，代わりにキリスト教の布教を行わないオランダに門戸を開いた．寛永18年（1641）には平戸のオランダ商館を長崎出島に移し，この時からオランダ語学習が行われた．1700年代後半ごろから，長崎通詞や江戸蘭学者により，多くのオランダ語の文法，発音，文字等の語学書が編纂され，辞書としては，寛政8年（1796）ごろ刊行の『波留麻和解(はるまわげ)』（『江戸波留麻』とも），これの縮約版『訳鍵』（文化7年〈1810〉），『道訳法爾馬』（文化13年〈1816〉，幕府に献上），この辞書の校訂本『和蘭字彙』（安政2-5年〈1855-1858〉刊）などが公にされた．

　オランダ語を学習するだけでなく，オランダ語を通して西洋の学術・文化に接触することになり，医学・化学・数学・地理学・天文学・兵学・物理学・本草学・薬学・暦学が学ばれた．当時の知識人は，あらゆる分野のオランダ語と接触し，それを日本語の中に取り入れようとした．まず第一段階として，ポルトガル語の受容と同じく，オランダ語にあって日本語にない概念や事物名は外来語として扱っている．日常語ではその例は多くないが，

ヅック（doek，織物の一種）　ホック（haak，かぎのこと）　ゼネーフル（genever，酒の一種）　ポンス（pons，橙の絞り汁）

などが挙げられ，万葉仮名風表記の例として，

アラキ（arak　阿刺吉〈酒〉）　コーヒー（koffie 各比伊，哥非乙，歌孚，加非，可否，可喜など）　ゴム（gom 護謨）　シロップ（siroop 舎利別）　セーデル（cider 舎的爾，悉埊爾〈サイダー〉）　フラネル（flanel 布羅涅児）

などがみられる．一方，オランダ語の意味に従って，外来語とともに従来の漢語を流用している場合もあった．次のような例である．

ガラス（glas 硝子，板硝子）　ランプ（lamp 提灯，姚灯）　レンズ（lens 硝子）

「硝子」のように，ガラスとレンズに用いることもあったようである．

このように，オランダ語の受け入れの時期が 1700 年代後半からで，ポルトガル語受け入れの時代と比較すると，外来語としてだけ用いるのではなく，オランダ語の意味に合致するか，近い日本語（旧来の漢語を含む）を選んで翻訳語とするとともに，日本語にない概念や事物名は，新たに翻訳語を作りあげて用いることが行われた．

安永 3 年（1774）刊行の前野良沢・杉田玄白・中川淳庵訳『解体新書』は，オランダ語の医学用語をそのまま漢字音（万葉仮名）で表し，その下に割注形式で訳語を示している．『解体新書』では，当然漢方の用語で利用可能な語は，それを用いて訳出しているが，その用語で訳し得ない語は，上のような注形式の方法で訳語であることを明らかにしている．次にその一部の例を巻之一から挙げる．カッコ内は，訳語であるとした割注を単行で示し，下線も私に付した．

謂之<u>止加母氐</u>．（此語翻曰恥）
<u>苛勢験</u>．（此翻絡）
<u>世奴</u>．（此翻神経）
<u>火里私</u>．（此翻膜）
<u>價題歛</u>．（此翻骨）
<u>加蠟仮価</u>．（此翻軟骨．骨之脆軟如海鷂魚骨者）

私比縷．（此翻筋）
　　百私．（此翻筋根．漢人所説大筋是也）
　　私刺古亜題爾．（此翻動脈．漢人所説動脈是也）

　このように外来語表記をとりながら，その下に訳語を提示していることは，最初の翻訳書としては止むを得ない方法であったと推定される．しかし，『解体新書』の刊行後25年後の寛政10年（1798）に刊行された大槻玄沢による改訳本『重訂解体新書』では，『解体新書』が一字漢語を訳語としているのに対し，二字漢語に改定している．その例を下に挙げておく．

　咽-咽頭　　養-栄養　　円-円球　　血-血液　　胛-肩甲　　髄-骨髄　　脂-脂肪　　消-消化
　心-心臓　　分-分散　　　　　　　　　　（左が『解体新書』，右が『重訂解体新書』）

　『重訂解体新書』の訳語は二字漢語に改定されていて，いずれも現在も医学用語や日常生活の用語として何の抵抗もなく使用されている．現代語の源流の一つとして『重訂解体新書』の訳語が挙げられるのである．
　しかし，昭和50年代後半に，近代日本語の源流を求める場合，中国の明代・清代の漢語の影響を考慮すべきことを，近世日本語の研究者である佐藤亨が体系的に論じた．すなわち近代日本語の源流の一つに中国漢訳洋学書の漢語（訳語）があり，それが蘭学書の訳語に影響を与えていることを述べた．従来は，近代日本語の訳語の研究には，中国漢語との関係を部分的に指摘がなされているが，それを体系的には論じられることはなかった．佐藤亨の研究により，近代日本語の源流研究の範囲が海外にまで広げられた．そして，佐藤の研究が公にされて以降は，何はともあれ，まず，研究の過程は，
　1）　中国漢訳洋学書の訳語→蘭学書の訳→近代日本語
　2）　中国漢訳洋学書の訳語→近代日本語
の二通りの視点で考えなければならなくなるとともに，しかもなおその訳語研究は今後の研究に俟つことが多くなっているのである．
　漢訳洋学書の訳語の一端を示しておく．艾儒略撰『職方外記』（がいじゅりゃく）（明末天啓3年〈1623〉撰）に，

　医科　　海峡　　喜望峰　　教科　　空論　　所産　　西洋　　造物主　　大西洋　　地球　　地中海

熱帯　病院　欲求　理科

などが挙げられる．

　日本語がオランダ語と接触することにより，オランダ語を学習し，それを学問として扱うようになって蘭学が生まれた．そして蘭学が発展するに従い，本格的に訳語が考案されるようになった点で，この時期が近代日本語，とくに訳語の源流の時期の一つと考えられる．

3. 英語との接触

　17世紀後半にヨーロッパではイギリスがオランダと海上権を争い勝利し，後にはフランスをも凌ぎ，多くの植民地を獲得し，その余力で日本にもイギリスの船舶が現れるようになった．そして文化5年（1808）8月15日，イギリス軍艦フェートン（Phaeton）号がオランダの国旗を掲げて長崎港に侵入し，オランダ商館員を捕える事件が起こり，時の長崎奉行松平康英（やすひで）が即刻退去を要求したが，逆に攻撃された．松平康英はその責任を負って自殺した．いわゆるフェートン号事件である．この事件が発端となり幕府は，国際情勢上，オランダだけに加担することに利のないことを悟り，イギリスを研究する必要に迫られた．その一歩として英語を学ぶことを長崎のオランダ通詞に命じた．英語学習上必要な英和辞典の編集が行われ，文化11年（1814）に本木正栄・楢林高美・吉雄永保らによる『諳厄利亜語林大成』が完成した．見出し語は約5900語である．文政年間（1818-30）になると，イギリスやアメリカの捕鯨船がしきりに日本近海に現れ，日本が鎖国の中に閉じこもることができない国際状況の中に組み込まれつつあった．その情勢の中で大国のイギリスのことばを学ぶ機運が高まった．しかし，この時期は蘭学の隆盛期でもあったため，多くの知識人がただちにオランダ語から英語に変更するにいたらなかった．

　しかし，天保年間（1830-44）以降もイギリス船，ロシア船，アメリカ船，フランス船が，日本近海に現れ，あるいは食料，薪水，そして通商を求めることが頻繁に起こり，場合によっては上陸して，その地の領民と事を構える事件も生じた．このような経過のうちに，嘉永6年（1853）6月，アメリカの東イ

ンド艦隊司令長官ペリー（Matthew Calbraith Perry）が遣日国使として軍艦四隻を率いて浦賀に来航し，時の米大統領フィルモア（Millard Fillmore）の国書を幕府に届けた．国書の内容は，友好・通商，石炭と食糧との供給，難破民の保護を求めたものであるが，回答が得られず，翌嘉永7年（1854）1月，ペリーは再来朝し，日米和親条約（神奈川条約）を締結調印し，下田，箱館二港を開くことにした．さらにアメリカ総領事ハリス（Townsend Harris）が安政3年（1856）に着任し，日米間にさまざまな経緯があったが，日米修好通商条約を安政5年（1858）調印した．ひきつづき，オランダ，ロシア，イギリス，フランスなどとも日本は通商条約を結んだ．

　このような政治状況のもとに，英語学習に関心が向けられはじめ，安政元年（1854）に村上英俊『三語便覧』（嘉永5年〈1852〉序）の日仏英蘭の対訳単語集，同じ村上英俊『五方通語』（安政3年〈1856〉）の日仏英蘭羅対訳単語集が刊行され，安政4年（1857）には『英吉利文典』が刊行されて，英文解読の基本書が整備されていた．

　一方，日米修好通商条約本書批准交換のため，安政7年（1860）1月18日，遣米使節団（新見正興，村垣範正，小栗忠順ら）はアメリカ軍艦ポーハタン号でアメリカに赴いた．ポーハタン号の護衛艦でもある咸臨丸（かんりんまる）はすでに1月13日に出帆し，サンフランシスコで合流した．咸臨丸には，後の日本の近代化に大きな役割を果す勝海舟，中浜万次郎，福沢諭吉が同船していた．

　文久2年（1862）に堀達之助ら編『英和対訳袖珍辞書』が刊行された．見出し語約35000語の本格的な英和辞書で，英語学習者に必携の辞書として珍重され，たちまち品切れになった．慶応2年（1866）に堀越亀之助編『改正増補英和対訳袖珍辞書』が刊行された．訳語が大幅に改良され，前書が句で示された訳語が単語に変更されているところに特徴がある．これもたちまち品切れとなり，慶応3年，明治2年に増刷され，この明治2年には慶応2年版をもととした前田正穀・高橋良昭『䎒和訳英辞書』（俗称『薩摩辞書』）が刊行された．この後も『英和対訳袖珍辞書』系の辞書が書名を『大正増補 和訳英辞林』（明治4年〈1871〉），『英和対訳辞書』（明治5年〈1872〉），『稟准（ひんじゅん）和訳英辞書』（明治6年〈1873〉），『和訳英語聯珠』（明治6年），『広益英倭字典』（明治7年〈1874〉）と変更しながら刊行が続いた．また，ヘボン（James Curtis Hepburn）

の『和英語林集成』が慶応3年（1867）刊行され，これもこの後第9版まで版を重ね，他に縮約版，翻刻版がある．再版（明治5年），三版（明治19年）まではヘボンの手になるもので，ここまでに増補された語彙が近代日本語を示す点で重要な辞書となっている．

英学の出発は，すでに慶長5年（1600）とされる．その年の3月に英人の航海長ウィリアム・アダムス（William Adams）が操舵するオランダ船リーフデ号が豊後（大分県）の海岸に漂着した．後にそのアダムス（三浦按針）が徳川家康の信任を得て，イギリス国王の国書を和訳して家康に提出し，家康の返書を国王のため英訳した．これが日本最初の英文和訳と和文英訳といわれている．

しかし，その後，日本の鎖国政策により，イギリスとの交渉は途絶え，再開されるのは，二百年ほど後の，すでに述べたフェートン号事件（文化5年〈1808〉）以後である．英語学習の必要性を政治上深刻に捉えざるを得なくなったのは，ペリーの来朝（嘉永6年〈1853〉）以後である．そして，英学を通して取り入れた外来語，英学の影響を受けた日本語（訳語，翻訳文体），漢語の流行などは，ペリー来朝以後明治維新までの15年間ほどの幕末に日本社会に顕在化する余裕はなく，明治に入ってから怒濤のように文明開化のスローガンのもとに拡がった．換言すれば，英学の幕末の短期間は，明治に豪華に開花するための揺籃期であったともいえる．

4. 近代の日本語

日本語の近代化は，すでに触れたように，近世における外国との長い醸成期が存在していたからこそ，幕末から明治期に至る欧米列強の圧倒的な力にも屈せず，日本語でもって近代化を乗り切ることができたといえよう．しかし，この外国語との接触は，近世以降のポルトガル語・スペイン語・オランダ語・英語・ロシア語・フランス語などの欧米諸国語との接触だけでなく，すでに古代から中国大陸や朝鮮半島の言語との交流によって，日本語が文化語として洗練純化されて成長し，高度な文化を支え得る言語に発展した歴史を日本人は有している．この歴史を有しているがために，中世以降，欧米語と接触しても，中

4. 近代の日本語

国大陸や朝鮮半島の言語を受け入れたと同じ方法で，欧米語を日本語の中に同化させることが可能になったのである．

このように，歴史的に外国語を日本語の中に容易く受け入れているため，その時その時の識者が外国語を容易に取り入れる非を非難するのが通例であった．しかし，日本語が外国語をかなり大胆に取り入れているのは，日本語そのものの中に取り入れ易い構造を有しているからではなかろうかと考えるべきであろう．私は，これを比喩的に日本語を一編成の列車と考えている．列車は，何輌かの車輌をしっかりと連結器で結合させて離すことができないようにして一列車を編成している．この一列車は，この連結器が不十分であれば，各車輌がバラバラとなり，一列車を編成することができなくなる．一列車を編成するのに，まったく目立たない連結器がもっとも重要な役割を担っている．得てして，車輌の豪華さ，用途の多さに目を奪われがちであるが，列車にとっては連結器が命なのである．日本語にとって車輌が自立語（詞）であり，連結器が付属語（辞）である．連結器である付属語がしっかりその働きをなし得れば，一編成としての列車である自立語，または日本語は矛盾なく機能する．

車輌にはどんなものでも積み込むことができるように，この車輌である日本語に代わって，他言語を自由自在に積み込むことが可能になるのである．日本語の純化と称して他言語を排除しようとしても，日本語の本質が列車構造をとる以上は，それを排除することは至難のわざと言わざるを得ないであろう．

日本語が列車構造であることは，上に述べた通りであるため，明治維新以降の文明開化の掛け声とともに，近代国家として欧米諸国に追いつくために，日本語もこの列車構造を利用して近代化に向ったのである．

本書の構成も典型的な列車構造の例に倣い，まず幕末からはじまる漢語の流行を取り挙げている．有名な事例として，『都鄙新聞』に，

此頃鴨東ノ芸妓少女ニ至ルマテ専ラ漢語ヲツカフ１ヲ好ミ霖雨ニ盆池ノ金魚カ脱走シ火鉢カ因循シテヰルナト何ノワキマエモナクイヒ合フ１トナレリ．

（第一，慶応４年５月，明治元年はこの年の９月８日より．第２章も参照）

とあり，「霖雨」「盆池」「脱走」「因循」のような漢語は，日常語に登場するはずがなかったのに，時勢とはいえ，芸妓・少女が使用する異常さを報道した

ものである．同じ記事の後に，なお「建白」「天誅」「(鮒に）割腹」「周旋」が記されている．和語を主体に使用するはずの女たちが漢語，それも普通の会話に用いない漢語を話すのを聞いてあきれた記者の記事と判断される．

この漢語流行を反映して，幕末からハンディな漢語辞書が数多く刊行された．慶応4年6月刊行（この年の9月8日に明治に改元）の『新令字解』に挙げられた漢語で，明治期に使用されている語をみると，

因循姑息* 王制復古 開港 割腹* 旧弊 建白 公議 公論 周旋* 巡邏
攘夷 條約 新裁 新政 生活 政権 政治 選挙 脱走* 朝敵 騰貴 舶来
布告 物価沸騰 布令 文明 貿易 暴動 邌卒　　　　　　（原文のまま）

が挙げられる．新時代の予兆がすでに幕末には世に知れわたり，漢語の流行もその新時代の先取りの一端を示すものであった．『都鄙新聞』で話題にされた語（*印）は，すでに辞書に登載されるほど，とくに当時の知識人の日常語に融けこんでいたことが知られる．明治期に入っても，仮名垣魯文の『安愚楽鍋』に，

おたげへに，漢語通に因循家だとか，旧弊家だとか，いはれるのだから，大きにりうかうにおくれてきやしたが，にはかにざんぎりにもなられず，洋ふくのさんだんもできねへから，半髪あたまをたゝかれてゐるのだが，じつにわうらいをあるくにも，かた身がせめへやうだヨ．(2編上，半可の江湖談)

とあるように，漢語に通じている者を漢語通といい，この種の者が新知識人の有資格者と考えられ，新しい流れに乗れない者は，当時の流行語の「因循家」「旧弊家」ということばのもとに冷笑されていた．

そのため，漢語の使用には，江戸時代までの漢語を，

再生して新用法を示した漢語――自由・外人など
音を変化させた漢語――再発（ほつ→はつ），書籍（じゃく→せき）など，
字順の変更した漢語――抗抵→抵抗，単簡→簡単など

のように，変更して使用するとともに，一方，欧米の学問が体系的に取り入れられた結果，欧米語の新概念を表記するために，訳語を新たに作ることが大々

的に行われた．その例を挙げると次のようになる．
　明治14年刊行の東京大学三学部印行の『哲学字彙』によって，その学術用語を示す．

　　Biology 生物学　Chemistry 化学　Ethics 倫理学　Mathematics 数学　Physics 物理学

のように，現在までそのまま使用されている用語と，

　　Aethetics 美妙学（美学）　Astronomy 星学（天文学）　Jurisprudence 法理学（法律学）　Logic 論法（論理学）　Natural philosophy 物理学（自然科学）　Political economy 理財学（政治経済学）　Political science 政理学（政治学）
　　　　　　　　　　　　　　　　　　　　　　　　（カッコ内は現在の訳語）

のように，この後に変化した用語とが認められる．学術用語が現在までの間に固定するようになる時期とその理由をきわめることが課題となる．
　欧米から輸入された機械類も訳語があてられることが多い．明治18年7月刊行の『英和和英字彙大全，英和之部』に，steam-boat（滊船），steam-carriage（滊車），telegraph（電信機，現在の「電信，電報」をも加える），telegram（電信，現在の「電報」をも加える），train（列車〈滊車ニ云〉），locomotive-engine（銕道機関車，現在は「機関車」のみ）のように現在とは字体に若干の違いがあったり，追加・削除があったりで，大きい違いが認めにくいが，sewing machine（縫物機械）のように原語の意味をとっての訳語が示されているのに対し，現在は外来語「ミシン」と変更されている場合もある．このような訳語の変更にも留意して研究する必要があるのである．この訳語は，ほとんどが和製漢語であり，訳語を和製漢語で示すことが軌道に乗ることによって，日本語の近代化が順調に発展したといえる．
　一方，新しく移入された外国語をすべて訳語や日本語でまかなうことができなかったり，それを日本語にあてはめる余裕がなかったりする場合，外来語として取り入れた．外国人と直接接触した開港地の横浜などで耳で聞いた外国語が外来語として全国に広がった例がある．現在，焼鳥屋などで食用にする牛・豚・鶏などの心臓を「ハツ」と呼んでいる．これは hearts のことで，これは

耳で聞いたまま当時の日本人が使い，次第に全国に広がったものである．犬を「カメ」の例も同様である．外国人が犬に「来い来い」という意味のCome hereの発音を聞いた日本人が犬の意味とかん違いして，犬の意に「カメ」を使うようになり，全国に広がり，方言として取り入れられている地域もある．

しかし，耳で聞いたままの外国語を外来語として使う以外に，その外国語に対応する日本語が想定されない場合，その外国語音に近い外来語として使用することが多い．そして，時には，それを使用することが，対応する日本語があっても今までにない雰囲気や斬新を示すために使用することもある．日本語で的確に訳せない場合の例をア行から二，三挙げる．

アイディア　アマチュア　イルミネーション　エピソード　エレベーター　オーライ　オール

一方，外来語を使用することによって，新しさや仲間うちのことば（隠語）を表すことが行われている．

「ハイカラ」は，明治30年代に洋行帰りの人々が，当時の日本人が身につけない，背広に高えりのシャツを着用して外国仕立ての最新の知識・流行を吹聴したところから，新しがり屋，しゃれ者，西洋かぶれの者を揶揄したことばである．これが一般化して，上品，上等，流行の最先端の意に使用するようになった．

尾崎紅葉の『金色夜叉』に「アイス」という外来語が散見される．これは日本語の「氷」に該当し，「こおり菓子」は「高利貸」を連想させるため，「アイス」は「高利貸」の隠語として，明治30年代に使用された．

また，明治期の「ハンケチ」（「ハンカチーフ」の省略形）は，紳士・淑女のステータスを示す所持品で，従来の「手拭い」とは役割が異なっていた．実用性よりは飾り物としての意味が強かった．明治期の小説に紳士・淑女を示す格好の小道具としてしばしば使用されている．

近代の漢字使用は，多岐にわたり，各方面で広く使用されるようになった数多くの漢語，和語にいかなる漢字をあてるかが問題であった．しかし，漢語や和語に多様な漢字をあてることは，すでに近世の読本などに見られ，この伝統を受け継いだのが明治期の多様な漢字使用になった．仮名垣魯文の『安愚楽

鍋』(初編・二編，明治4年〈1871〉 三編，明治5年〈1872〉)に，

風船で空より風をもってくる工風は妙じゃアごうせんか。(初編，西洋好の聴取)

の「工風」は現在の「工夫」のことで，他に七例もあるがすべて「工風」である．幕末までは「くふう」には「工夫」「功夫」の漢字をあてることが一般の用字法であった．明治期，とくにその初期に「工風」がみられ，『明治文化全集』所収の明治初期資料にも散見される．幕末から明治初期にわたっての漢語流行の時期に「工風」がみられたのは，「工夫」の「夫」の漢字音は「ふ」のみであるため，これを「ふう」(日本での慣用音である)として使用することに違和感を覚え，「ふう」の音を有する「風」をあてたものである．しかし間もなく，考える，考案する意に「風」を用いた「工風」よりは「工夫」がふさわしいと考え，元に戻って「工夫」を用いるようになったのであろう．

　このような風潮の中で，近代の小説家たちも新時代の日本語使用に苦慮しなければならなかった．中でも，文体や用字法に腐心したのは，十代末から仲間と硯友社を設立し，その主催者となった，夏目漱石と同じ慶応3年生まれの尾崎紅葉であった．明治期の作家しては，文体の変化，用字法の多様性について類を見ないほど異常な関心を示した唯一の小説家であり，小説の日本語の改革者，換言すれば，パイオニアであった．そして，これを安定的な近代日本語の文体や用字法に仕上げていった文学者は夏目漱石であったと私は考えている．この尾崎紅葉の用字法を体系的に扱ったものに近藤瑞子の研究がある．その一例を挙げると，夫婦のうち男性の方を「おっと」と呼ぶが，紅葉の小説に「夫」「良人」「所天」「所夫」と四種用いている．当時の小説家は「夫」「良人」を主に用いているのに対し，「所天」「所夫」を用いるのは違例である．「所天」は漢語にもある例であるが，「所夫」が問題である．紅葉が発表した読売新聞では「所天」であったものが後に全集本にまとめる折に「所夫」に変更されている点で誤植の可能性が強い．しかし，他にも「所夫」が指摘できるので，用字法研究では「所夫」を幽霊語であるのか否か広く例を収集して結論づける必要がある．いずれにしても，多様な用字に留意していることが知られる．

　次に紅葉の小説から語例のみ挙げると父の「おとっさん」に「父様」「父親」「(お)父(さん・様)」「御父(さん・様)」「(御)親父(さん)」「阿父(さ

ん・様）」「阿爺（さん・様）」「家父」「家君さん」「厳君」，「あたり」の「辺」「境」「四辺」「四万」「四方」「四囲」「四面」が挙げられる．このような多様な用字の試みから，次第に限られた固定化した常用の漢字表記に移るのが用字法の趨勢であった．とくに義務教育の確立と国民の識字層の広がりとともに，共通理解の用字法が追求され，限定された用字へ移行するのが近代の特徴となっている．

　言語現象の中で，近世までと近代以来とで大きな違いは書きことばの扱いである．仮名垣魯文の『安愚楽鍋』の冒頭部の，

　天地は万物の父母．人は万物の霊．故ゆゑに五穀草木鳥獣魚肉．是が食となるは自然の理にしてこれを食ふこと人の性なり．（初編，開場　明治4年〈1871〉）

のように，既述の列車構造の連結部にあたる活用語・助詞の処理が最大の難問であった．欧米の言語のように，書きことばと話しことばとを接近させるためにどのようにするか，とくに言論界で問題にされ，それを実行する立場にあった文学者にとっては深刻な文体作成上の課題でもあった．これに応えるべく明治10年代末からさまざまな言文一致体が文学者によって試みられた．文末の結び方によって「だ体」は，坪内逍遙『此処やかしこ』，二葉亭四迷『浮雲』，山田美妙『風琴調一節』『武蔵野』，嵯峨の屋おむろ『初恋』，「です体」は山田美妙『空行く月』『胡蝶』，「であります体」は嵯峨の屋おむろ『野末の菊』『流転』，「である体」は尾崎紅葉『二人女房』『多情多恨』などの実践例で知ることができる．しかし，文末がすべてこれらの語で結ばれているかというと，そうではなく，他の結びより目立つぐらいのものである．尾崎紅葉の「である体」の代表である『多情多恨』でも「た」止めがもっとも優勢である．

　結局，文末表現の「だ体」「です体」「であります体」「である体」の中から「である体」が生き残ることになったが，この後の小説の中ではもっとも多く文末表現として使用されることになったのは「た」止めで，夏目漱石の『三四郎』（明治41年〈1908〉）以降の作品は徹底した「た」止めを使用し，他の小説家たちもこれに従い，大きな影響を与えた．現在ではこの「た」止めからいかに脱却するかが問題となっている．

　日本の近代化の一環として，日本語の近代化が唱えられ，日本人だれしもが

4. 近代の日本語

共通に話し，理解できる，基準たり得る日本国の代表としての日本語の必要性が識者の間に広がり，代表かつ基準となり得る日本語をいずれにするか種々論議された．結局，渡辺修次郎，岡倉由三郎，上田万年，伊沢修二らの提案や主張とともに，羅馬字会の『羅馬字にて日本語の書き方』(明治18年〈1885〉)，西邨(にしむら)貞『幼学読本』(明治20年〈1887〉)，国定教科書『尋常小学読本』(明治36年〈1903〉)の記述により，東京の中流社会以上の者の話すことば，教育を受けた東京人のことばを「標準」にするということで「標準語」という用語が生まれた．一方，明治30年前後からの明治期に，全国に通用することばとして「普通語」が使われたが，その後用語として一般化するに至らなかった．この「標準語」または「普通語」に対立することばが全国各地で話される方言である．明治35年3月に文部省に国語調査委員会が設立され，その調査方針の一つとして，「方言ヲ調査シテ標準語ヲ選定スルコト」が掲げられ，全国各地の方言調査が行われ，全国の方言分布を明らかにした．この成果は，日本語研究，方言研究に多大の刺激を与えた．

また，全国規模の方言調査を行い，標準語を設定するという背景には，方言分布の広い方言を標準語として考慮するという後の「共通語」に通じる意識が認められるが，その分布の偏り，とくに小区域にとどまる方言は標準語の中に組み込まれなくなる恐れを有することになった．そして，ここに方言に価値判断が加えられて，方言はきたないことば，悪いことばとして，標準語の発達を阻害するものと考えられ，初等教育の場では方言を話した子供に「方言札」をつけるという極端な方法での標準語励行運動，方言撲滅運動が行われた．とくに沖縄での標準語教育が積極的に行われ，方言撲滅論，方言抹殺論が唱えられたが，昭和15年，『月刊民芸』に琉球方言の問題が取り上げられ，方言が日本語の中でいかに大切であるのかを文化論として論じられ，標準語教育と方言撲滅との問題が大きな社会問題となり，これが全国的な関心を集めるようになった．

このような論争を通して，その後方言撲滅論の意見は次第に減少し，第二次世界大戦後，日本語の模範であるという優越した意識の強い標準語の名称を避けて，全国どこでも通ずるようなことばで，東京語に近いが，必ずしも東京語でない言葉を「共通語」として使用するようにもなった．

しかし,「標準語」と「共通語」とは内容として区別すべきであるが,現在混同して用いているのが実状である.

　そして方言は,今や日本語を活性化させる源泉の一面を有しているという考えも強く,「標準語(共通語)」と共存させて,言語生活を豊かに行う方向に進んでいるようで,「方言」への回帰が若者たちの間に生まれつつあり,「方言」と「標準語(共通語)」とがすでに着実に共存しつつある時代を迎えているということができよう.今後,地域に密着したことばを産み出してきた方言をすくい取りながら,日本語に多様性を与えることが大切なのである.

2. 漢語の現代

1. 明治維新期の漢語使用の実相

(1) 漢語の流行とその社会背景

　明治維新期の日本社会では，世の中が大きく変動する時代の変わり目にあたって漢語が大流行した．新聞には，

> 此頃(コノコロ)鴨東ノ芸妓(ゲイコ)少女(マイコ)ニ至ルマテ専ラ漢語ヲツカフヿヲ好ミ霖雨(リンウ)ニ盆池ノ金魚(キンギョ)カ脱走(タツサウ)シ火鉢(ヒハチ)カ因循(インジュン)シテキルナト何ノワキマエモナクイヒ合フヿトナレリ又ハ客ニ逢(ア)フテ此間ノ金策(キンサク)ノ事件(シケン)ニ付建白(ケンハク)ノ御返答ナキハ如何カナト実ニ聞ニ堪エサルヿ也（『都鄙新聞』一「京都祇園新地之話」慶応4年〈1868〉）

とある．いささか戯画的に誇張された記述であるかも知れないが，この時期における極端な漢語多用の傾向が垣間見られよう．その傾向は，漢字字典の

> 上ミハ朝廷ノ制令(セイレイ)方伯(ハウハク)ノ啓奏(ケイソウ)ヨリ下モ市井(シセイ)里閭(リヨエン)ノ言談論議(ゲンダンロンギ)ニ至ルマテ皆多ク雑(マジ)ユルニ漢語ヲ以テス（『漢語字類』明治2年〈1869〉）

といった記述からもうかがわれる．同様の記述は『童蒙必読漢語図解』（明治3年〈1870〉）序にも見られ，「市俗(しぞく)の論議(ろんぎ)及び遊女弦妓(ゆうぢょげいしゃ)の雑談迄(ぞうだんまで)漢語(かんご)を交(まじ)えざるはあらじ」とある．それまでは，武士や書生を含む漢学に精通した知識人など，社会の一部の教養層のものであった漢語の使用が，広く市井の人々にまで広がり，さらには遊女などそれまで漢語になじみのなかった層にまで多用され

るようになったのである．

　このような漢語の流行は，単なる時流に乗ったファッションとしてのはやりすたりに留まるものではなかった．この時期，漢語を理解し用いることは，生活上の実用面においても，新聞や政府の布告などを読みこなし，新しい社会の動きについて行くために，必須の知識であった．これを一般の人々に授ける役割は，明治5年（1872）に制定された学制によって始まった新しい学校教育が担った．当初の就学率は30％前後に留まったが，国民の一部とはいえ，この新しい教育を受けた世代は，こういった知識に関して，旧世代との差が歴然となった．そのような世相は文学作品にも描写されるようになり，例えば河竹黙阿弥『富士額男女繁山（女書生）』（明治10年〈1877〉）には，

　梅　聞かれてまことに面目ないが，悴は牛島学校へ六つの年から上げたお蔭で，どんなむづかしいお触でもさつさと読めるけれど，おれは少しも読めねえから，悴が居ねえ其時は，只判を押して廻すばかりだ．
　竹　おれの所もやつぱりさうだ，娘が居ねえとお触は読めねえ，これを思ふと子供を持つたら，早く学校へ上げにやあいけねえ．

という会話が見られる．明治30年代半ばに就学率は飛躍的に上昇し，明治35年には90％を超すようになったが，この頃にはこういった差はますます顕著となったと見え，二葉亭四迷『平凡』（明治40年〈1907〉）には，

　成程父は教育といつても，昔の寺子屋教育ぎりで，新聞も漢語字引と首引で漸く読み覚えたといふ人だから，今の学校出の若い者と机を列べて事務を執らされては，嘸辛い事も有らう．

とある．明治期の現実の生活に即した漢語知識をめぐる実情が，ここに垣間見られよう．

　これらの記述に見るとおり，世の中に漢語が流行し多用されるようになっても，古い世代を中心とする教養のない庶民には，それらを理解できない人々もいた．二葉亭四迷『浮雲』（明治20年〈1887〉）には，登場人物の「お勢」が，漢語を解さない女中「鍋」のことを，

　私の言葉には漢語が雑ざるから全然何を言ッたのだか解りませんて……眞個に

教育のないといふ者は仕様のないもんですネー

と揶揄する場面がある．実用面の便宜のみならず，漢語を理解し使用できるかどうかは，教養のあるなしに関する一つの目印となり，新しい社会において有用な人材であるかどうかを示す一つの目安，いわばステイタス・マーカーとなるものでもあった．

　このため，そういった知識や教養を身につける必要を人々は感じ，かつそれを目指した．四民平等をかかげた新しい時代においては，知識と教養とを得ることで，これまでの支配者層以外の人々にも立身出世の道が開けるという夢があったのである．明治初期の漢語使用層の急激な拡大とそれによる漢語流行の背景には，こういった社会の変化とそれに伴う現実的な人々の実情があったものと見られる．

(2) 明治維新期の漢語資料

　この時期の漢語を知る手がかりとして，先の引用に見たとおり，一つには「お触」「新聞」など，漢語を含む文章が記載された資料があり，また一方に，そこに用いられた漢語を集めた「漢語字引」，いわゆる漢語辞書の類がある．

　幕末から明治初頭にかけての維新期，大政奉還と改元・遷都を中心とした明治政府の体制確立をめぐってさまざまな擾乱が続く中で，国内の動向を報じる各種の「新聞」が発行されるようになった．慶応4年（1868）には『中外新聞』『江湖新聞』『日々新聞』などが相次いで創刊されたが，それらの中には，薩長倒幕派を中心とする新政府を，佐幕派よりの立場から批判的に捉える論調のものも多かった．一方，新政府は，これに対抗し，自らの新しい政策や方針を広く民衆に知らせる必要から，各種の「日誌」を発行した．後の官報に当たる『太政官日誌』（慶応4年〈1868〉）や『東京城日誌』『市政日誌』（明治元年〈1868〉）などいろいろなものがあり，これらの日誌類を通じてさまざまな布告・布達が行われた．

　こういったものを通じて，人々は時代の動きを知り，新しい世の中について行かねばならなかった．これらを読み理解するための手引きとして発刊された漢語辞書には，『新令字解』『布令字辨』（慶応4年〈1868〉），『新聞画引』（明治

元年〈1868〉),『日誌字解』(明治2年〈1869〉) など,その役割や意義などを書名に明示したものが目立つ.また,凡例にも

- 新聞ハ世上心得ノ為なれハ見易やうに訓讀(くんどく)を施すといへども文躰の含意微義(ていがんびぎ)の文字に至りては或は通俗ならざる所も稍(やや)これあり故に今此畫引(がくし)を梓(し)して辨(べんず)ㇾ之(『新聞画引』)
- 此篇日誌ノ文中ヨリ抜萃撮出シテ急ニ搜索シ易キヲ要トシ字畫ヲ分ケテ抄出ス(『日誌字解』)

のような記述が見え,ここからも,これらの漢語辞書の用途がうかがわれる.

これらには,その需要から,掲出語を増やしたり配列を改めたりなどの増補改訂を加えて版を重ねつつ広く用いられたものもあった.『新令字解』は同名で複数の異版が見られ,『布令字辨』は初編から七編まで刊行,これらの合綴(がってつ)本や増補本(『増補新令字解』『増補布令字辨』)なども出されている.また,この他にもさまざまな漢語辞書が刊行された.

明治2年 (1869) に刊行された『漢語字類』は,『布令字辨』の改編を始め,後の漢語辞書に大きな影響を与えた.明治3年 (1870) の『新撰字類』『漢語便覧』,明治5年 (1872) の『新撰字解』『布令必携 新聞字引』,明治6年 (1873) の『漢語類苑大成』など,多くの辞書が『漢語字類』の掲出語を継承

図 2.1 『新令字解』
(慶応4年〈1868〉)
(図 2.1〜2.7 の書影はいずれも香川大学神原文庫蔵本による)

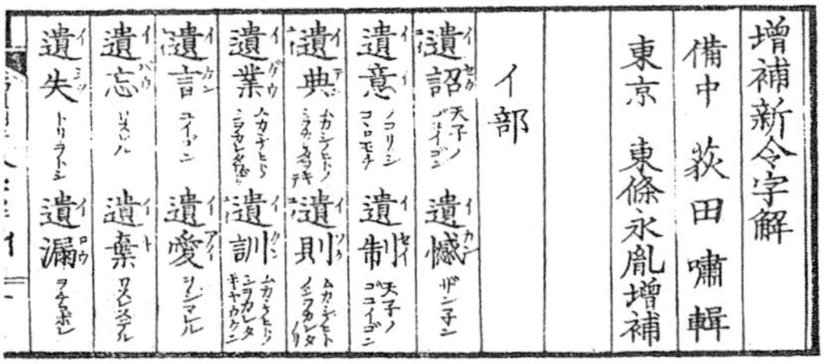

図 2.2 『増補新令字解』
(明治3年〈1870〉)

図2.3 『布令字辨 初編』
　　　（慶応4年〈1868〉）

図2.4 『増補布令字辨』
　　　（明治9年〈1876〉）

図2.5 『新聞画引』
　　　（明治元年〈1868〉）

図2.6 『日誌字解』
　　　（明治2年〈1869〉）

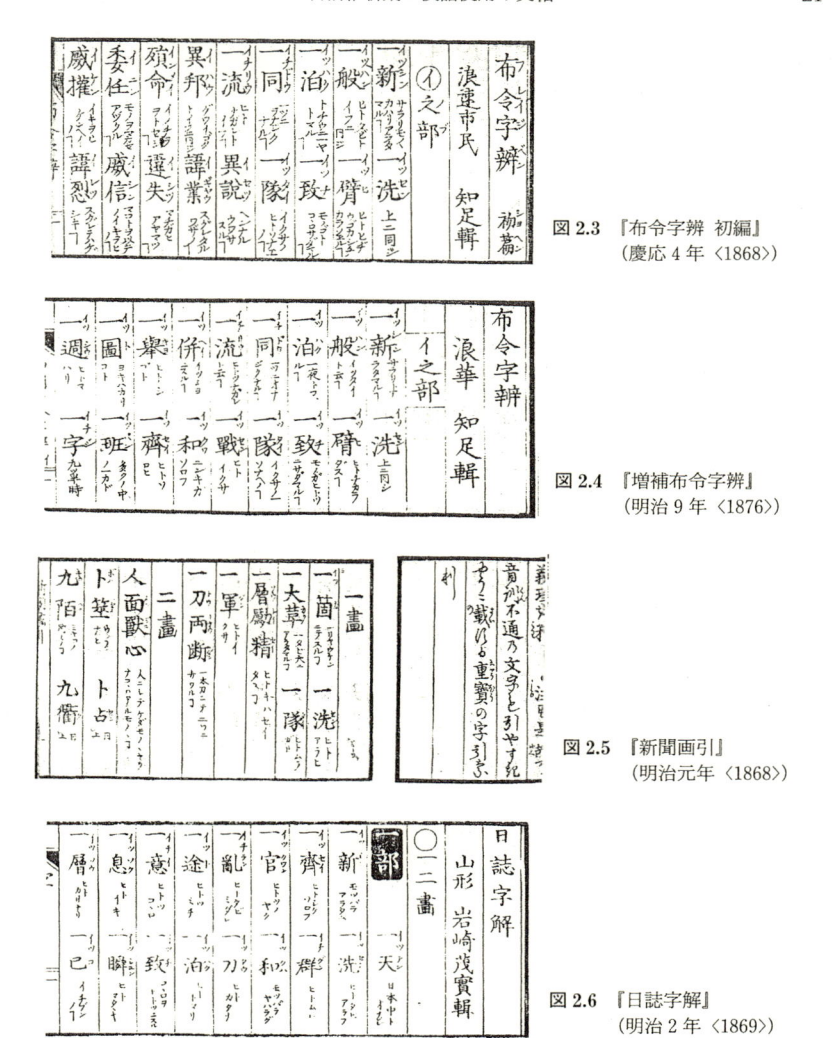

しており，この時期の漢語辞書は，先行する辞書を参照しつつ，配列などにそれぞれ独自の工夫を加えて成立したと見られる．

　漢語辞書以外のものとの交渉の認められるものもある．例えば『掌中早字引集』（明治3年〈1870〉）は，書名や体裁などにおいて節用集の特徴を多く示しているが，掲出語は特に前半において『漢語字類』のものを継承し，また内題

図 2.7 『未味字解 漢語都々逸』

に「布令日誌必用」とあるなど，この期の典型的な漢語辞書としての面を持っている．一方，『世界節用無尽蔵』（明治6年〈1873〉）のように，漢語辞書である『新撰字解』（明治5年〈1872〉）を節用集の体裁に改編したものもある．この期の漢語辞書は実に多様であり，節用集の他に往来物へとつながるものもあって，明確な線引きは難しい．

その他の資料としては，絵入りの『童蒙必読漢語図解』（明治3年〈1870〉）や，漢語をことさらに読み込んだ各種の都々逸（いわゆる「漢語都々逸」ばかりを集めた代表的なものとしては，山々亭有人『未味字解漢語都々逸』（明治3年〈1870〉初編）がある），あるいは漢語の番付など，より庶民に身近なものもあり，こういったものを通じて，この期の漢語使用の諸相を知ることができる．

2. 明治維新期以前の漢語と近代の漢語

(1) 明治期における漢語の諸相

明治期に知識人が用いた漢語には，江戸時代に隆盛を極めた漢学の余波ともいうべきものも多い．例えば，二葉亭四迷の『浮雲』（明治20年〈1887〉）に見える「因循」「姑息」「放心」などの語は，それぞれ『漢書』『白氏文集』『孟

子』に例が見られ，これらの漢籍に基づく語であると考えられる．また，坪内逍遙の『小説神髄』（明治18-19年〈1885-86〉）に見える「森羅万象」「主人公」といった語のように，漢訳仏典に用いられる語が近代に受け継がれたと見られるものもある．さらには，「刺戟」「経験」のように，典拠は明らかでないが，江戸時代すでに用いられていた漢語もある．

　これらのものが前代から引き続き用いられる一方で，明治時代に入る頃から新たに登場する漢語もまた多く見られる．文明開化によって，欧米の新しい制度や文物，思想・学問などが大量に流入し，日本の近代化は急速に進んだが，それらの新しいものを表すのに，とりわけ漢語は有用であり重宝された．翻訳や造語などによって誕生した新しい漢語は，中国の漢籍や漢訳仏典などにも出典が求められず，日本の古い文献にも用例の見られないものであり，旧来の漢語とは断層があるが，各種の啓蒙書や翻訳書などの著作を通じて摂取され，一般に広がった．そのような新しい漢語によって，日本語は急激にその語彙数を増やし，言語の近代化も実現したのである（詳しくは第3章「新漢語の現代」を参照）．

　こういった種々のものが入り交じり，明治期の漢語は，重層的で多様な様相を呈していた．また，知識人など教養層と，町人など一般庶民とでは，漢語の素養にも大きな隔たりがあり，使うことばもおのずと異なった．一口に漢語と言っても，このように，新旧の違いに加え，生硬で難解なもの，身近に多用されていた理解しやすいものなど，さまざまな層や質の違いがあったのである．

　例えば，漢語辞書の語釈や，文章における左ルビ（通常は，語義を注釈的に示す）など，新しい（見慣れない難しい）漢語を平易な表現に言い換える際に，和語のみならず語種としては同じく漢語であるものが用いられることが，しばしばあった．例えば，『未味字解漢語都々逸』初編（明治3年〈1870〉）では，「脱走」の語に「しゅつぽん」，「会計」の語に「かんぢやう」といった左ルビが付されている（前者については図2.7を参照）．また，漢文調の翻訳文学である丹羽純一郎訳『欧州奇事花柳春話』（明治11-12年〈1878-79〉）には，「律呂」に「チヤウシ」，「得失」に「ソントク」といった左ルビが見える．漢語の意味を分かりやすく示すこの方法は，『漢語訳解普通用文章』（明治5年〈1872〉）や『女四季文章』（明治8年〈1875〉）のような往来物も含めて広く用い

られたが，これらのルビに使用された漢語は，日常よく用いられる一般的なものであり，仮名書きされていても容易に意味が理解されるような，より口語的なものであったと見られる．

　明治期には，新旧さまざまな漢語が入り乱れ，せめぎ合いつつ，そのうち淘汰されたり，読みや用いられ方を固定したりして，今日の姿に近づいていく．その意味で，近代の漢語は，現代日本語の語彙の礎をなすものと位置づけられる．それまで使用されていた漢語が受け継がれる場合にも，この時期に語形や意味用法に何らかの変化を来したものも多く，揺れの見られるもの，前代や今日との間に違いの見られるものなどが，いろいろと存在する．それらの代表的なものを，以下に見ておくこととする．

(2) 語形の変化
a. 読みの変化
●呉音と漢音の交替

　明治34年（1901）8月の「国文学」第32号に，「言文一致に就て」と題した鈴木融の文章が見えるが，その中で，言文一致の実現における漢語に関わる問題の一つとして，

　一　吾邦古来用ゐ来れる漢語には漢音と呉音との両様ありて世人は各自勝手の音
　　　を用ゐ居れば何れか穏当なる方に一定する事（唐音と清音とは特別なり）

という項目が挙げられている．

　ヘボンの『和英語林集成』の初版（慶応3年〈1867〉）には，同じ漢語で漢音読みと呉音読みとの二つの語形が併存するものが，「金色（コンジキ，キンショク）」「正直（シヨウジキ，セイチョク）」「変化（ヘンゲ，ヘンカ）」「利益（リヤク，リエキ）」など，多く見られる．

　従来，儒書では漢音，仏書には呉音を用いるといった伝統的な読み方の違いがあり，書物の性格によって使い分けられるものであったが，漢学から洋学へと学問の主流が変化するにつれて，混乱を来していた．上に見たような提言は，漢語の読み方に統一性をもたせ，新たな規範を与えるもので，それまでの漢語の読みを一部変えることでもあった．実際，この時期に，漢音と呉音との

間で読み方の変わった漢語もかなりある．

　「快楽」「差別」「男女」などは呉音から漢音へと読みの変化した漢語であり，逆に，漢音から呉音へ変化したものとしては，「富豪」「毎日」「東京」などがある．「快楽(ケラク)」「富豪(フウガウ)」「毎日(マイジツ)」は例えば『通俗花柳春話』（明治17年〈1884〉）などに例があり，「差別(シャベツ)」「男女(ナンニョ)」は『欧州奇事花柳春話』（明治11-12年〈1878-79〉）など，「東京(トウケイ)」は『安愚楽鍋』（明治4年〈1871〉）などに，それぞれ例が見られる．全体としては，呉音から漢音へと変化したものが多く，これに比べて，漢音から呉音へと変化したものは少ない．新しい形は明治20年頃に集中して現れ，またこれらの変化は大正末までにほぼ完了した．

　なお，「言語」は今日ゲンゴの読みが定着しているが，これは呉音読みのゴンゴと漢音読みゲンギョとの混淆であり，明治時代にはこれら三通りの読みが行われていた．

●連濁の有無

　連濁の有無が変化した漢語には，「現世(ゲンゼ)」「風説(フウゼツ)」「内典(ナイデン)・外典(ゲデン)」などのように，今日では連濁しなくなったものと，「下山(ゲサン)」「陰陽師(オンミョウシ)」「誹謗(ヒハウ)」のように，新たに連濁して読むようになったものとがある．

　語数の上では，新たに連濁するようになるものは少なく，連濁しなくなるものが圧倒的に多い．また，連濁の消滅した新しい語形は，明治10年から20年の前後に集中して現れたと見られる．

　その原因として，学制公布による義務教育の普及が影響しているとされる．江戸時代には，士族の子弟のための藩校と，農工商に従事する人々の子弟のための寺子屋とで，教育の内容も異なっていた．漢字・漢語の学習に際しても，いわゆる「読み書き算盤」など日常生活や商売に必要な知識を授ける寺子屋では，往来物を教科書として最低限の漢字を学ぶのに対し，藩校では，四書五経を教科書とした漢文の素読が主たるものであった．耳で聞いて暗唱した素読のように漢語を耳から覚える場合には，連濁した形が受け継がれやすい．ところが学制以降の教育では，それまで漢語になじみのなかった層が，文字を介して漢字・漢語を習得するようになった．耳からではなく目で漢字を一字一字切り離して読もうとしたことで，連濁しない形が一般化する傾向が生じたものと考えられる．

b. 字順のゆれと変化

　意味・用法をほぼ同じくし，二字漢語の字順が逆になるペアが，明治期には多く見られる．特に，幕末から明治初期にかけての開化期には，先に見たような漢語の流行に伴う漢語の氾濫や，新しい西洋の学問を受容し紹介するための訳語の必要などから，字順の相反する二字熟語が多用された．同一作品の中や，同一作者の作品の中に，二つの語形が特に使い分けられることなく用いられる場合もあり，また今日に一般的であるものとは逆になった字順のものも，この時期には多く見られる．

　例えば，川島忠之助訳『新説八十日間世界一周』（明治 11-13 年〈1878-79〉）には，次のようなペアが用いられている．

「華麗／麗華」
- 茲ニハ既ニ繼キ替フル爲ニトテ華麗(カレイ)ヲ盡シタル列車場頭ニアリテ旅客ヲ待チ居レリ（第 31 回）
- 此時馬車ハ一舘ノ前ニ駐ル其造營麗華ナルニ非レトモ（第 15 回）

「闘争／争闘」
- パスパルツーモ其一人ニテ闘争ノ際不幸ニモ命ヲ殞セシカ（第 30 回）
- 額ヲ顯シ徒跣ニシテ争闘ノ際誤テ求品ノ包ヲモ失ヒツヽ遽テ停車場ヘ驅込ミタリ（第 10 回）

　この他にも，「簡単／単簡」「堪忍／忍堪」「抵抗／抗抵」「熟練／練熟」「発砲／砲発」など，かなりの数のものが見られる．これらは，今日ではペアのうち先に示したものが一般であるが，明治期には

- 敢(あへ)て抗抵(かうてい)するものあれば之(これ)を罰(ばっ)するに破門(はもん)の罪(つみ)を以(もっ)てす（斉藤良恭訳『欧州新話谷間の鶯』明治 20 年〈1887〉）
- 流石に大家の風ありて練熟(れんじゅく)の技現(ぎあら)はる（『東京日日新聞』明治 40 年〈1907〉11 月 10 日）

のようにも用いられていた．

　これらの漢語は，例えば「読〴書」のように漢文における文法的な構造をそのまま語構成に内包する熟語とは違い，多くは二字が対等な資格で並ぶものである．また，一字一字の持つ意味が近似していて同義的な関係にあるため，字

2. 明治維新期以前の漢語と近代の漢語

順の前後を入れ替えても同じ意味で用いることができた．このため，一方の語形に統合され定着を見るまでは，両語形が併用されたものと見られる．

(3) 意味の変化

明治時代の漢語には，意味の上からも今日とは異なるものが多々見られる．今日一般的であるものと違っている場合，それは幕末からの意味を引き継いでいることも多い．この時期の漢語は，江戸時代までの古い意味を保ちつつ，今日のことばへの橋渡し的な位置にあると見られ，特に注目されるものもある．

a. 名詞の意味変化

名詞として用いられる漢語で，意味の上で今日との違いが目立つものに，次のようなものがある．

- 遠方への旅には蒸気車に乗り候故一日に百里余の旅もいたし候，但し賃金は日本の一里に六センツ程払申候（新島襄書簡　1867.3.29）
- 市街(しがい)の中は道巾(みちはば)濶(ひろ)からずして甚(はなはだ)喧嘩(けんくわ)熱鬧(ねっとう)を極むれども其雑沓(そのざつたつ)は大半乞食(たいはんこつじき)偸盗(ぬすびと)及び遊食(おういうしょく)の徒にして（斉藤良恭訳『欧州新話谷間の鶯』明治20年〈1887〉）
- 故郷(くに)へも帰(かへ)られぬやうになつたものゝ當時(とうじ)何不足(なにふそく)なくらす身の上(み)にはなりましたが（仮名垣魯文『河童相伝胡瓜遣』第1章　明治5年〈1872〉）

「賃金」の語を汽車の運賃について用いた上の例は，今日この語が労働に対する報酬としてのものに限定されているのと異なっている．「喧嘩」は騒がしい様子を意味し，今日にいうような，争いやいさかいに限るものではなかった（「喧噪」に近いこの意味での用例は，古く『将門記』から見える）．また「当時」の語は，ここでは〈いま現在〉の意味で用いられており，今日にいう〈あの頃〉〈その時分〉などの意味よりも，こちらの意味の方が，この時期には優勢であった．

このように，幕末から明治にかけての漢語には，それ以前の古い意味が温存されている場合があるが，**字義通り**であるというのも，その特徴の一つである．「喧嘩」の場合，「喧」と「嘩」が「かまびすしい」の字訓を持ち，「当時」は漢文における文法的な構造に従って，「当レ時」と返り点を打って読んだ意味になっている．

この他にも，〈理由〉を意味する「事故」，〈新しい噂〉を意味する「新聞」などがある．前者は，今日のようなアクシデントやトラブルなどの意味ではなく，文字通り〈ことのゆえ〉〈わけ〉などを意味した．また後者は，もともと「旧聞」と対をなす語であったが，「新聞紙」の語と統合され，今日ではもっぱら「新聞紙」と同じ意味を担うようになった．

b. 動詞の意味変化

名詞のみならず，動詞として用いられるものにも，今日と意味の異なるものは多い．それらの中には，以下に示すように，**表す意味が狭められ，今日では特定の行為に限定されるようになったものや，意味が抽象化されて，今日では具体的な動作を表さなくなったもの**などがある．

例えば，幕末から明治にかけての「勉強」は，次の例に見られるように〈精を出して努める〉の意味で，今日に言うような〈学習する〉の意味ではない．

- 若シ其轗軻志ヲ得サルモ亦コレカ為メニ節ヲ屈セス益々奮激勉強シテ堅ク之ヲ守ル（島村鼎甫訳『生理発蒙』12巻　慶応2年〈1866〉）
- 工事ヲ勉強スルヨリシテ生ズル自主自立ノ權ハ（中村正直訳『西國立志編』第1編　明治5年〈1872〉）

〈学習する〉ことも，確かにある種の努力（を伴う行為）であるが，今日では「勉強」といえば物を学ぶ際の努力にほぼ限られるのに対し，近代初頭には，この語は広く努力一般を意味した（関西方言においては，今日でも特に商売の世界で，限度ギリギリまで値下げするなどのサービスを意味する「勉強しまっせ」「勉強さしてもらいます」のような使い方があるが，こういった独特の用法に見られる〈営業努力〉〈企業努力〉などの意味合いは，古い意味の残存と見てよかろう）．

「経過」は，今日では〈時間が過ぎていくこと〉と，それに伴う〈成り行き〉を意味し，時間の移り変わりに関わる文脈に使用が限定される語である．しかし，明治初期の文献では，次の例のように，空間の移動に用いられたものも多い．

- 益々ソノ経過スルトコロノ地ノ体質ヲ調査シ，頃刻モ徒ヅラニ過ゴスコトナシ（中村正直訳『西國立志編』第5編　明治5年〈1872〉）

・数十里ノ海ヲ経過スルモ其直達ノ路ヲ計レバ進ムコト僅ニ三五里ニ過ギズ．
(福沢諭吉『学問のすゝめ』15編　明治5年〈1872〉)

漢籍においては，『後漢書』などに見られる通り，場所の通過を意味する空間に関して用いた例が一般であり，この語の使用が時間に関することに限られるのは，日本での意味変化の結果と考えられる．先に見た「勉強」などとともに，従来から用いられてきた漢語が，近代から現代にかけて意味領域を縮小し，限定して用いられるようになったものと見られよう．

　先に見た名詞の場合と同様に，動詞についても**字義通りの意味が濃厚に保存されている**ケースが多く見られる．例えば，「負担」の語は，「負」が「おう」，「担」が「になう・かつぐ」の訓を持つが，次の例のように文字通り〈荷物をになったり，かついだりする〉ことを意味し，直接的な現実の動作を表すものであった．

緊要ノ諸物ハ，悉ク此ヲ革袋ニ納メ，自ラ背上ニ負担スト云フ（高野長英訳『三兵答古知機』6巻　安政3年〈1856〉)

この語は今日では，労力や時間や心理面での負担，あるいは金銭的な負担などに用いられるのが一般となったが，それはこういった古い意味が抽象化した結果と考えられる．

　これと同様に，具体的な動作を表す動詞が抽象化し，個別のニュアンスをまとって，今日では特定の文脈的な制限の中で用いられる語となったものに，「堕落」の語がある．

・大海あり我輩之に堕落することなきを測るべからず（福田直彦訳『萬里絶域北極旅行』第38回　明治20年〈1887〉)
・是レ恐ラク汝ニ与フル所ノ天罰併セテ吾等ノ頭上ニ堕落セシモノナラン（井上勤訳『絶世奇談魯敏孫漂流記』明治25年〈1892〉)

仏教用語としては，〈仏道修行の心を失う〉ことを指すなど早くから今日的な意味も持っていたが，明治期の用いられ方を見ると，人が海に「堕落」したり，天井が「堕落」してきたり，天罰が人に「堕落」したり，ものの値段が急激に「堕落」したりしている．こういった即物的・直接的な意味は，今日の用

法にはないものである．天罰や値段などについての例はやや比喩的な用法のうちに入るものの，今日のような〈精神的に〉かつ〈悪い方へ〉落ちる，という文脈的な制限は必ずしもない．

明治期の「堕落」は広く〈上から下へとものが落ちる〉ことを意味したが，もともとは，「堕」も「落」も〈おちる〉意味を表す漢字であり，上に見た「負担」同様，漢語を構成する一字一字の字義通りの意味に用いられたものであった．こういった語において，一字一字の訓が直接的に生きているのはおおよそ明治20年代までであり，その後，観念的に抽象化した意味へと限定されたと見られる．

(4) 用法の変化

意味の上では今日のものと大差ない場合でも，文法的な用法になにがしかの違いが見られるものもある．

a. 品詞の転換

品詞の違いに関しては，特にサ変動詞のものが目に付く．今日では名詞または形容動詞として用いられる漢語が，この時期，しばしば「ス」を伴って動詞として用いられた．例えば，

固ヨリ路銀ヲ持(モタ)ズシテ出デシコトナレバ，忽チ大ニ困難シ，ツヒニジプシース乞食シテ廻国スル人ノ夥伴(ナカマ)ニ入リ（中村正直訳『西國立志編』第6編　明治5年〈1872〉）

の「困難ス」のようなものである．『西國立志篇』には，これに類するものとして，他に「勤勉ス」「思想ス」「付近ス」などが見られる．

また，何礼之(がよしゆき)重訳『萬法精理』（明治8年〈1875〉）には

蓋シ人類苟クモ生計ノ艱難ニ阻格セラレザルヨリハ其男女相互ニ配偶ヲ求ムルハ全ク良能ノ傾向スル所ナレハナリ（巻23）

のように，「傾向ス」の例が見られる．他にも「教養ス」「貴重ス」「慣習ス」などがあるが，これらはそれぞれ漢籍に動詞としての用法があるもので，旧来の用法をとどめるものと捉えられる．こういった動詞としての用法は，今日では失われている．

「結局」「大変」など，この時期に名詞から副詞へと機能が展開したものもある．詩歌の最後の句・結びの句を意味する「結句」に遅れて使われるようになる「結局」は，囲碁の一番の打ち終わりを意味する名詞としての用法を経て，「結句」と同じく副詞としての用法を見せるようになった．『改正増補和英語林集成』（明治19年〈1886〉）に「In the end」の語釈が見えることから，おおよそこの頃に副詞用法が一般化したと見られる．

b. 副詞の呼応

副詞における文末表現との呼応のありようが，今日と異なっているものも見られる．

加藤弘之『真政大意』（明治3年〈1869〉）には「此(この)二論全ク氷炭ノ相違デゴザルガ，併シ到底互ヒニ僻(シカ)論ト申スモノデ」のように，〈結局〉〈ついに〉の意味で用いられた「到底」の例が見られる．また，坪内逍遙『諷誡京(ふうかい)わらんべ』二（明治19年〈1886〉）に「利子と結髪(ゆひなづけ)の一条の如きは，全然(ぜんぜん)破談なりと思ふてくれよ」とあるのを始めとして，「全然」の語は〈すっかり〉〈全く〉の意味を表すものであった．これらの語は，肯定文においても用いられていたが，「到底」は今日もっぱら否定と呼応して用いられ，「全然」に関しては，否定表現や否定的な語句を伴っての使用が規範的であるとの意識が強くなっている．

3. 新漢語の現代

1. 新漢語の出現

(1) 新漢語の範囲

「新漢語」の言い方がはっきりした範囲を定めたものではなく，幕末・明治に使われた語や，新しい事物を表す語などをさすところから，それを「近代漢語」の代名詞に使うこともしばしばある．しかし，その反対概念の旧漢語との境目がなかなかつけられない．言語の連続性から近代になってはじめて使い出された語か，新しい意味が付与されたかをもって，時代的な烙印を押すことは普通だが，ことはそう簡単ではない．一般にその「新漢語」の言い方は「洋学」資料によって裏付けられているから，そこから得た語は一方では「訳語」という概念とも重なる．となると，「新漢語」とかかわっている概念は少なくとも由来から見てさらに「近世中国語」，「訳語」，「和製漢語」に分けられる．

新漢語 ┬ 近世中国語　①中央，分割，活動，主張，喫煙，純白
　　　　│　　　　　　　②電報，鉄道，銀行，保険，権利，工業，化学
　　　　├ 訳語　　　　　③自由，文学，精神，思想，小説
　　　　│　　　　　　　④経済，主義，社会，文化，芸術，革命，生産
　　　　│　　　　　　　⑤電話，哲学，美術，主観，止揚，番号，象徴
　　　　└ 和製漢語　　　⑥情報，警察　表現，改善，異動，指向，目的

近世において唐話資料（白話小説語を含む）の流行と中国の典籍の広範な利

用により，漢語の使用が増えてきた．その近世中国語は近世文芸または近代文学に用いることが多かったし，その辞書の一つとされる『雑字類編』の「記念，顕微鏡，顔料，様式」などの語が後に近代訳語への変身を果たしたことから分かるように，日本近代語と密接につながっていると言えよう．

　「訳語」は，西洋概念との照合において，漢語に新しい意味を注入するという特徴があるが，その中身も，由来から次の3種類に分けられている．
　　a）中国語からの直接借用．　　　　　　　　　　…例②
　　b）中国の古典語を用いて外来概念を訳すための転用　…例③④
　　c）外来概念にあてるための，日本人独自の創出　　…例⑤
　その中で，c）は中国語では形態上見つからないという客観的な前提があるから，日本での創出と分かりやすいのに対して，a）は逆に中国語からきたもので，従来の漢語の流入と同じく見なすことができるし，b）も従来の漢語と切っても切れない関係がある点から，ともに基本になるのは漢文資料からの出自というわけである．

　「和製漢語」は「大根，返事，文盲」のように古来形成されてきたものがあり，近代に限るべきではないと思うが，「訳語」という，明治に創出した漢語の象徴的なイメージと重なることで，両者は分かちがたいものになっている．つまり訳語のc）の⑤は和製漢語としてもちろん見られるし，b）の④もそのように見られることも多い．ただ，単に時代性に限って見れば，日本は中国の書物を時代的には清朝の後期まで受け容れていたと見られる．すなわち，明治維新または明治十年代を中国語の受け入れの下限とすることができるならば，それ以降日本で独自に成立した漢語熟語を全部和製漢語と見なすことができよう．

(2) 新漢語発生の土壌

　近代日本語においての漢語の急増はよく知られている事実であるが，その発生をどんな土壌に求めるべきかを考えるとき，おそらく三つの面が強調されるだろうと思う．一つは漢籍などの漢文資料がまず挙げられる．それらは基本的に訓点を施したものが多く，同じ資料でも時代による加点の違いもあり，いわゆる日本的受容の過程を反映しているものである．それに裏打ちされた節用集

などの辞書や各種個別資料の読解を助ける字解の類や，明治期漢語の流行に伴う『布令字辨』のような漢語辞書などもその語の認知の結果として同じ延長線にあるものと考えられる．もう一つは中国からの漢訳洋書や英華字典の類である．外来概念と対応する意味で，新漢語を生み出す基盤のひとつとしてよく取り上げられているが，英華字典はともかく，漢訳洋書のほとんどは加点された形で利用されるという点で，従来のケースとつながっている．最後に，幕末・明治期の日本における夥しい翻訳書と，翻訳のために誕生した概念を収録する英和辞書を挙げなければならない．それも先行研究にあるように，欧文脈の訓読が幅を効かしていることが知られている．そのいずれの面も新漢語の由来を考えるとき無視することができないものである．

　そこで，漢語の急増を儒学の発展と結びつけて考える必要があると思われる．「近世前期では儒者たちの勢力はまったく微々たるものであった．（中略）しかし近世半ばから後期（18〜19世紀）に向かって次第に栄えてゆく．そしてその蓄積と働きは近代（明治以後）にまで持ち込まれたのである」．そして「漢学が，近世末から幕末にかけての国民国家形成への動きに際して，人々の心を政治的・倫理的な意味で統合し，鼓舞する働きをしているという点は重要である．」と，黒住真（2003）は思想史の観点から指摘している．それでもなぜ明治になってからの「漢語の流行」現象があったかを考えるとき，一つは方言や地方性を脱して，何らかの知識や権威や公共性を標榜するためには，どうしても漢語が必要であったとの見方がある．もう一つは「実用だけではない，感覚的・倫理的にも，当時の人々は漢語でないとあらわせない緊張感をもっていた．そして，この漢語の働きが媒介・受け皿となって，欧米文化の知識・制度，場合によってはその思想内容も，導入されまた構築されたことにも注意する必要がある」と黒住が言っている．事実，明治維新後の帝国憲法の制定の際，その思想や構成は西洋に範を求めているものの，具体的な法令や言葉となると，中国の典籍に依拠するものが多かった．

　漢学の動きには「18世紀後半からの『教育の爆発』とも呼ばれる寺子屋・私塾・藩校などの多くの設立や，いっそうの出版・交通の拡大とがあきらかに関わっている」といわれる．当時の出版物については，「重要な漢文の文句・格言やエピソードを解説する『仮名抄』がつくられ，中国朝鮮の重要な数多く

1. 新漢語の出現

の漢文書は『和刻』され『諺解』が出版された．直輸入物以外の再刻本や日本人の漢籍はほとんど訓点付きで流布した」という．そうしたことによって結果的には漢語の単語としての区切りや抽出も形式的な印や符号によって容易に行われるわけである．そのなかで漢文の素読の普及とともに，音読語の比率が従来より上がることが想定される．いわゆる近代漢語の量的発生のきっかけをそこに求めることができる．具体的に次の二つの資料群の性格からもこの点を裏付けることができよう．

第一に，いわゆる江戸時代の漢文の脈を支えた文芸書『遊仙窟』『剪燈新話』などがまず挙げられる．「徳川幕府のとき，『遊仙窟』や『剪燈新話』の和刻がもっとも多く，中学校の教科書のような存在だ．漢学が廃れざるはこの二書によるところが大である．」といわれるほどである．その後の唐話関係資料や『小説三言』をはじめ白話小説の翻刻も同じ流れと見てよかろう．「奇遇，風流，一般，勉強，丈夫，標致，地位，分量」などのように，この種の訓法は読みと意味を単語左右両方につけることでいち早く単語の日本語化（形態と意味の両面）を図ることができるし，当て字や熟字訓のような組み合わせが多く生じたのも特徴である．また，いち早く対訳の手法を取り入れた『板橋雑記』は本文には加点しながらも，さらにその行間に日本語の訳を入れ，漢語熟語の理解と受容を促進させている．

第二に，歴史書の重視が近世以来の特徴の一つであろう．もともと中国の正史から野史まで日本ではよく読まれ，歴史から学ぶという意味で当時の漢学界においてだけでなく，藩校においても歴史書が教科書として流行っていた．たとえば，『十八史略』は「日本には室町時代後期に伝来し江戸時代には大流行し，慶安元年（1648）の立斎先生標題解注音釈本をはじめ十種以上の版本がある．明治以降も中国史の教科書，漢文の教本として愛用され，今日まで最も普及した中国史書といってよい」．たしかに明治に入ってからもいろいろな版も出され，その中の一つである『標注十八史略』（明治16年〈1883〉）の序文に曰く，「今上中興．更張学制．置文部省．開史館府縣又有大中小學之設．生徒講習．業分數科．而史学入門．大抵自十八史略始．」とあるように，歴史の入門書と目されていることが分かる．

さらに日本漢文の類の影響も無視できない．近世日本漢文の代表格とされる

頼山陽の『日本外史』(1836-37) は「幕末を経て明治初年に至るまで，非常に流行した．そのことは版本の多様さでも知られ，木活字（少なくとも五種）・川越版（十四回改刻）・頼氏正本（四系列，各系列それぞれ一再ならず改刻）・唐本（三種）など枚挙に暇がない」といわれるほど，歴史書の流行ぶりが注目される．つまり漢文に書かれるということで特別の修辞的な魅力があり，人々のこころを引き締め，鼓舞し，大きな志をもたせるような言語的効果をもったとされている．

幕末・明治期においてもその流れは受け継がれていくと見られる．漢訳洋書と呼ばれている，中国で出版され漢文で書かれた西洋知識の関係書や，『聯邦志略』や『海国図志』のような歴史・地理の紹介書も多く刊行された．その日本的受容も漢文訓読の方法を通して行われてきたから，同じ漢文訓読資料の延長と見てよい．したがって，「近世の漢学者たちは経学だけでなく，同時に，兵学，自然学，歴史・日本史など他の学問をもおこなった」と黒住が述べるごとく広範な分野にわたって漢学者の活躍を見せた．

そうした漢文体の史書をふまえて，明治に入ってから西洋諸国の歴史書の翻訳を積極的に展開したのも一種の必然であろう．丸山真男が「明治二〇年までの翻訳について，ぼくの印象をいうと，第一には歴史書が多いことね」と語っているように，日本において『万国史』『欧羅巴文明史』『ローマ盛衰記』などの翻訳が行われた．さらに，こうした西洋の史書に対して日本独自のものも相まって増えてくる．たとえば，『日本略史』『日本開化小史』なども同時代の産物である．さらに『経国美談』『佳人之奇遇』『雪中梅』などの政治小説に漢語をふんだんに使っているのも時代の志士たちの言行を物語るのに適しているからであろう．

こうしてみると，歴史関係の書物の一つの流れができていて，言葉もそれに合わせて漢文資料から日本漢文を経てさらに翻訳語に使われてくる．その意味で明治初期漢語流行のきっかけも新漢語の産出もそういう歴史書に負うところが大きいといえる．これらの漢語は漢籍や白話小説などに由来することで直接洋学に関わらないが，後に訳語としても使われるから，新漢語の形成の予備軍をなしている．

(3) 新漢語の形成

　近代の漢文訓読は近世以降の朱子学の発達に伴って従来の訓法と異なってますます簡素化へ向かう傾向が見受けられる．漢文の読みを簡略することによって，いわば音読みの語がおのずと増えてくる．その結果，本来前後関係で，別々の句になるところをも一語として読んで理解する余地が出てきた．たとえば『博物新編』にある「気圧」などはそうである．

- 人為₌気所₌包羅─，而不レ覚₌気圧之重─者（『博物新編』元治元年）
- 人々其気ニ包羅レ居テ，而シテ気ノ圧ノ重ミヲ覚ヘザル者ハ（『博物新編訳解』明治元年）
- 人為テ₌気所₌包-羅─，而不ルレ覚₌気圧サルノ之重ヲ─者ハ（『英訓博物新編』明治8年）

『訳解』では「気のヲス」と，「圧」を動詞として訳されている．その後の『英訓』も「気ニオサルル重ヲ覚エザル者ハ」と，同じように「圧」を動詞として訳されながらも「気」「圧」の間に右側の連語符がついている．だが，最初の元治元年（1864）版は「官板」と銘打っており，後世の流布にもっとも貢献するものであり，「気圧」のところが施訓されないまま，後世に伝わり，音読みとしての誕生を許す結果となった．

　文法的に見て，漢文訓読資料やそれに基づく漢語辞書の類において漢語一語としての許容度が広いことを，語構成の面から裏付けることができる．明治期の漢語辞書や字解の発達は訓読みの語も含めて，漢字表記語であれば一括収録することでそうした漢字熟語を許容していく．たとえば，『日本外史』を解読するためのサブテキスト『鼇頭挿圖日本外史字類講義』（べっとう）（三冊，島田重堂校訂・片谷耕作編輯，明治堂，明治30年）の第一冊の中かうは現代語でも使われている単語を表3.1のように拾うことができる．

　ただ，表の中ではまず「不図，有事，論功，効力，仮設，不問，無際」のように句の訓読みから一語にならしめたものが目立っている．そして「関係，不倫，近代，右翼，交通，経営」のように，形態的には近代語との違いは見えないものの，意味的にはむしろ旧来のものを引きずっているものが多い．一方，こういう漢語の成立自体は後世の洋学の発達につながることも事実である．それは同じ『日本外史』の字解として出された明治7年の『外史訳語』（大森惟

表 3.1

愛憎	遺憾	維持	慇懃	因習	因襲	院政	宇宙	右翼	沿革	沿道	戒厳
会食	凱旋	概略	隔絶	愕然	簡易	緩急	関係	勘合	糾問	挙止	近代
決戦	厳然	功徳	経営	軽信	軽率	系統	結束	訣別	航海	功績	更直
交通	講和	論功(コウアロンズ)	有事	根拠	猜疑	再挙	無際(サイナシ)	殺傷	参観	慙愧	散布
自愛	自衛	持久	自首	子孫	叱咤	死闘	私物	事由	終始	熟視	逡巡
少子	情勢	従容	嘱望	序論	爾来	趨勢	成績	政体	制度	制服	世襲
宣言	専制	前途	先輩	先発	爪牙	争闘	狙撃	尊厳	大義	截然	大抵
大敗	仮設(タトヒ)	仮令(タトヒ)	断然	鍛錬	効力(チカラダイタス)	中外	挑戦	体裁	鉄塔	当代	得失
努力	拝命	不図(ハカラズ)	白日	暴露	輓近	悲壮	非難	誹謗	非凡	百度	不屈
覆滅	部署	不肖	不遜	物情	赴任	不問(トハズ)	不利	不倫	分身	判官	冒険
冒瀆	朴直	妙齢	無数	明確	名実	明白	名簿	明瞭	模倣	約束	勇敢
猶予	用事	雷同	裸体	霖雨	隷属	狼狽					

中・庄原和同纂,中村正直序文,柳沢信大書)の関与者の顔ぶれを見ても分かるように,洋学の受容は漢学者によって担われ,「洋学者・国学者の多くは,とくにその学の初期の発生現場では同時に漢学者であった」と言われる所以である.中村正直が「将来大に洋学の蘭奥に入らんと欲する者は,予め大いに漢学の力を養はざるべからざるなり」というのもその裏づけであり,実際,明治の人々と社会が〈漢学的なもの〉の上に〈洋学的なもの〉を成り立たせていることはさまざま場面で指摘できるだろうと黒住が言っている.

　近代語研究でよく言われている古典中国語の転用(冒頭の分類③④)は出典と意味とのずれを著しく意識させるものであり,形態的なものは早くも成立していたのに,近代的な意味には至っていないものである.たとえば,「成立」という語は旧来の意味として「人の成人なること」を言い表しているが,そこで外来概念との照合において事物の成り立つ条件を意味するようになり,より「近代性」を帯びてくることになる.その旧来の形がいかにして新しい意味合いを帯びてきたかも重要な過程であり,つまり,一回きりで「古典から探し出した」のではなく,日常の,既成の言葉から転用したものが多いのではないかと考えられる.その新旧の交差点をつかめるかどうかが課題の一つであろう.いわゆる意味の転換(英語との対訳の成立など)が必要とされるが,その転換の作業は時代的に必ずしも語の使用時期と一致していない.後になって英訳に使われた語の多いこともつとに指摘されている.「文明,文化,政治」などは

1. 新漢語の出現

近世の漢文資料に常に使われているから，意味概念がすでにある程度定着しているものと見られる．たとえば，安政6年 (1858) の鹽谷世弘の『隔䪃論(かっかろん)』では中国のアヘン戦争の敗退後の状況を心配しつつ，日本の歩むべき道を模索している内容となっている．訓点つきの漢文で書かれているので，当時の中国の知識人の賞賛と共感を得ていることは知られている．その中に，新漢語とされる「政治，宣言，文明，組織」などの語がすでに見られる．

- 夷以_其精学利器_．占_天度_．経_地理_．察_風土_．審_情俗_．乃至下文字言語．政治得失．官吏能否．戎備虚実上．莫レ不_洞悉_．
- 有_百歳狐_．宣言曰．世之横恣者．唯人為レ甚焉．
- 夫漢土称_文明之邦_．
- 結構如_金殿玉楼_．而熔鋳如_宝鼎宗彝_．及_其組織成_レ章．有_転注之訓_．有_仮借之通_．有_翻切之音_．

むろん，その中に近代新漢語の形はとりあえず現れてくることになる．意味的にはまだ欧米言語との対訳関係が出来ていないから，「組織」のように〈字の構造〉という意味に止まっているものもある．

同じく，連用修飾の「直行」（じきに行く）や「断行」（だんじておこなう）などは近世以前の漢文訓読ではそのまま句またはセンテンスとして訓まれていたが，しかし幕末・明治期の漢文訓読になると，その簡略化ということから音読みの発達が生じ，そしてそれらを全体として一語と訓むことで新漢語が誕生することになる．あるいは，その使用によっていっそう語の語たる性格をはっきりさせた．そのことは一方ではいわゆる新漢語の出典例の時代的間隔をもたらしていると考えられる．今の国語辞典や漢和辞典では「直行」「断行」ともに『史記』に出典例を求めているが，実際の日本語における使用例は全部近代以降のものである．その時代的空白を埋めることができたのは近代漢文訓読の新たな熟読によるのであるから，結果的には同じ漢文資料から時代とともに漢語認定の量を増やしていくことになる．

むろん，時代的にどこまで新漢語として認識し，捉えていくかは未確定な問題である．漢語の新旧の層別はどの時代にもあるものだが，明治期においてとくにその差が顕著に現れたからこそ人々に注目されたのであろう．

実際に，節用集や字解や漢語辞書など，どの一冊を取り出してみても新漢語の占める割合がさほど大きくないことがわかる．言い換えれば，新漢語と旧漢語の境目をはっきり区別することはむずかしいことである．つまり，近代的意味に到達したかどうかの基準をどう設置すればよいかの問題に答えなければならない．その意味で時代的に同類の資料を比較することで新旧の増減を見ることも可能である．たとえば，同じ漢字による熟語の増加を見て，新漢語の性格を判断することもありうる．
　明治5年『増補布令字辨』に，下記のような語を収録している．

未生　未満　未聞　未熟　未曾有
議院　議員　議長
電機

　それに対して，明治22年『広益漢語伊呂波字引』では「此書ハ経書或ハ古文中ノ熟語ヲ撰ミ又古来多ク人ノ称呼セシ漢語ハ勿論殊ニ目今翻訳上ノ新熟語ヲモ加ヘテ聚集セシモノナリ」と新漢語を加えていることが分かる．すると，上記の『布令字辨』よりさらに付け加えた以下の語はより新しい漢語となる．

未然　未発　未明　未定　未学　未開　未詳　未進
議事　議定　議官　議功　議論　議決　議場
電光　電信　電報　電達　電線　電雷

　この明治22年版ではたしかに，新漢語として認められるものが増えてきている．

2. 新漢語の受容

　周知のように，アジアに漢字文化圏があってその内部において中国は昔から中華文明というものを周辺国へ拡散していった．その結果，漢字・漢語の大量使用は朝鮮半島や日本やベトナムなどで行われていた．しかし，17世紀以降，もう一つの文化圏――ヨーロッパの「近代文明」がこの漢字文化圏へと勢力を及ぼし始めてくる．19世紀に入って中国への門戸が開かれてから，その影響

2. 新漢語の受容

がさらに加速してきた．

一方，日本でも西洋文明の吸収は早くも南蛮学・蘭学という形で始まっている．そして日本は隣国の中国がアヘン戦争（1840）で西洋に負けたことに危機感を覚え，加えて黒船襲来という状況下で，積極的に西洋に関する情報収集を始めた．そこで中国語で書かれた漢訳洋書や英華字典の類が西洋理解の手っ取り早いものとして利用するようになる．明治5年の『洋語音訳箋』（村田文夫編）の凡例においては漢訳洋書の『瀛環志略』『海国図志』『地球説略』『聯邦志略』『万国公法』『地理全誌』『英国志』から訳例を引いたこともその一端を窺うことができる．このように，漢訳洋書と英華字典を通して日本語に持ち込まれた語が近代新漢語の主要な部分をなしている．

その後，明治10年までは日本はこうした中国経由というルートで西洋文明の受容を行ってきた．もちろんそれだけではもの足りず，明治維新を経て直接西洋からの近代文明を積極的に導入し，近代国家への道を急いだ．その過程において独自な造語をもって新概念に対応するための努力も怠らなかった．

一般に日本の近代語研究では中国で受容した洋学を日本はどう受け入れたかを問題にしている．事実，漢籍の受容として従来行われてきた部分とは連続的であることは忘れてはならない．ただ，この中国語からの直接借用は基本的に近代の印として内容的に西洋とかかわる漢訳洋書と英華字典とによって行われた．しかもそれらは日本語で和刻され，利用されるという一種の受容関係にあるのが前提である．19世紀において155種類の漢訳洋書が日本で翻刻され，利用された状況からもその影響の一端を窺い知ることができる．そのうちの一つ，『博物新編』（1855）から近代的な語を拾うと，

表 3.2

宇宙	応用	外気	貨物	気圧	機器	汽車	軌道	橋梁	極地	形状	牽引
幻影	源泉	顕微鏡	航海	光速	工程	光点	効能	呼吸	差異	材料	沙漠
湿気	品物	純白	蒸気	将来	所在	身長	水質	水性	彗星	水族	隧道
水面	生命	生理	西暦	赤道	体重	太陽	地球	中央	直射	直線	直径
定例	電気	電機	点線	風雨鍼	平均	平方	貿易風	陸地	流動		

のようなものを得ることができる．

また，英華字典ははっきりした対訳資料として，その訳語の性格がもっとも

近代新漢語に相応しいとされてきた．たとえば，19世紀初めての英華字典（モリソン，1822）から次の例を拾うことができる．

表3.3

apostle 使徒　blacklead pencil 鉛筆　Christ 基利斯督　critic of books 善批評書　digest 消化　exchange 交換　judge 審判　law 法律　level 水準　medicine 医学　natural 自然的　necessarily 必要　news 新聞　novel a small tale 小説書　organ 風琴　practice 演習　radius 半径線　spirit 精神　unit 単位　men 人類　life 生命　plaintiff 原告　materials 材料　arithmetic 数学　method 方法　conduct 行為　language 言語

前者の漢訳洋書は加点，訳解，和解などを経て，漢語一語として認められるようになる．それに対して後者の英華字典は英和辞典の訳語への転用により，近代的な意味がより確実なものとなる．

　上記の『博物新編』の例を一見しても近代的な意味概念を表すものが多いが，「差異，効能，将来，純白，身長」のように，その時点では「訳語」と判断するには無理な語がある．もし単に対訳辞書の有無に頼るならば，それらの近代語としての成立は逆にずいぶん後の時代となるという，ちぐはぐな結果になりかねない．また，「生理」のように中国語の意味（〈なりわい〉）を引きずっている語もあれば，「水質」のように〈水のような性質〉の意味に使われる語もある．となると，近代的な生理学における「生理」の成立と，水の品質を意味する「水質」の成立は逆に日本語により早く求めることができる．いわば日本語の中で意味の定着と確定の問題である．したがって，日本語において語の意味の再確認や取捨選択などによってより洗練された形で定着することが多い．

　同じ例は英華字典に出てくる語についても言える．例えば，訳語分類の③「文学，小説，精神，芸術，自由，思想」のように，英華字典に出ていて英語との対訳関係をもちながら，西欧の新しい概念に対応しているかどうかが問題となってくる．「小説」は中国古来の「野史，稗説(はいせつ)」を意味する一方，novelとfictionの訳にも当てられている．しかし，日本では「小説」が坪内逍遙の『小説神髄』以降，その意味概念が近代的になったとされている．同じように，「精神」は中国の伝統的な魂や霊や魄などを表すが，英語のspiritの訳語とし

2. 新漢語の受容

てモリソンの辞書以来使われてきた．日本の和英辞典もその訳を受け継いでいる．ただ，その外来概念自身も変化するので，装いとしての漢字表記はつねにそれに伴って，内実をカバーしてきた．時代に合う外来概念の正しい理解が，日本で初めて行われたか，それとも中国で初めて行われたかという思想史からのアプローチも確立されて初めて近代語の成立となれるのであろう．単に記号としての漢字表記と英語の近代的概念との結びつきを確認するだけではまだ不十分である．ここでの争点はやはり中国由来の新漢語についての認識である．いわゆる中国語からの直接借用と転用の区別がはっきりしないことに起因するのである．

ただ，訳語としての意味が英華字典か英和辞典のどっちに先に確立されたかによって，判断できるものが実は非常に限られている．多くは訳語とは無関係に成立したものであり，無理に訳語の枠組みで捉えていくと，かえって間違った方向へいってしまうおそれがある．多くの中国語由来の漢語は漢文に出典があっても，その連続的な部分を無視し，単にどっちが先にそれを英訳にあてたのかで判断すれば，落とし穴に陥りやすいのであろう．たとえ英華字典に出ていても，意味的には「近代」を示していなければ，それは近代語の成立とならないであろう．

近代語として認定されやすい理由の一つは，意味的な格差である．その多くは明らかな時代差によるもので，たとえば，中国の古典的に使われていた「文化」「経済」を，それぞれ〈文で感化す〉〈世を経めて民を済う〉のように理解できるのに対して，日本語のように一旦外来の英語の概念 culture と economy に照らして訳語として成立すると，固定した意味概念が込められてきて勝手に字面通りに分解して理解できなくなる．そうした語は「印象，対象，現象，観念，存在」のように，漢訳仏典に由来するものが少なくないが，その中国古典語としての使い方と近代日本語としての用法の間に意味的・文体的・時代的な格差が開ければ開くほど，日本での近代的意味の成立が確実視されやすい．たとえば，「印象」という語は本来仏教語として「いんぞう」と読まれ，「象を印す」という語の構造から，〈判を押したように形がはっきり現れること〉を意味していた．その実際の使用は少なくとも明治7年5月の『明六雑誌』八号の箕作 秋坪の「教育談」にさかのぼることができる．明治14年の『哲学字彙』

でimpressionの訳語として挙げられたのが定着のメルクマールとなるが，訳語に用いられてからも，サ変動詞としての使用例が多かった．明治中期以降，「深き印象」「最初の印象」のように名詞に使われることが多くなってきた．さらに『普通術語辞彙』(1905)は「印象」のほかに，「印象的」という形容詞形を登録し，〈直接の感銘深き〉を言い表すようになり，「印象派」「印象主義」といった概念の誕生を許す土壌となったのであろう．

3. 新漢語の展開

　もちろん，日本語という環境下で独自の洋学受容があり，蘭学以来の努力と，英学へのシフトと，そして大量の翻訳による言葉の創出が挙げられる．「抽象，範疇，絶対，相対」のように『哲学字彙』(1881)に見られるような日本独自の翻訳語が，次第に哲学，思想，社会の領域にわたって増え始め，抽象概念を表す訳語を次から次へと生み出した．さらに，概念の細分化に伴って，「人格，人生観，世界観，美学，幻覚，個性，錯覚，性能，感性」など日本独自の訳語も英和辞書に新たに登場する．「観，学，性，覚」のように接尾的に使っていて，造語能力を高めてきた．また「感覚」という語から「幻覚，錯覚，感性」のように，より厳密な意味の使い分けによる訳語を産出していくのである．中国語経由で入ってきた語も，日本語独自に創出した語もそうした蓄積のもとで日本近代語が形成されたのである．明治時代の代表的な国語辞書ではすでに和製漢語を類別する意識があったと見られ，『言海』や『日本大辞書』ではそれぞれ音読みの漢字表記語を「和漢通用字」「和ノ通用字」，「漢語」「字音語」と二通りに分けることも，後者を和製漢語と意識するものとしてとらえられていると考えている．

　明治10年代ごろから中国語経由の訳語も少なくなると，日本での新漢語の形成がとくに和製漢語という形で増えてくる．また，和製漢語の形成を時代別・分野別に見ていくと，明らかに明治大正期までは人文社会科学の用語の創出が多く，それ以降日本の技術革新に伴い，理工系関係の和製漢語が増えてくる．たとえば，『大言海』（昭和7-10年〈1931-34〉）では「〜素」を持つ二字熟語を12語しか収録していない（「平素」などの一般語を除く）．

3. 新漢語の展開

珪素, 水素, 要素, 臭素, 色素, 窒素, 砒素, 塩素, 元素, 酸素, 炭素, 沃素

1995年の『大辞林』では同じ二字熟語だけでもその上に12語を増やした．

酵素, 同素, 硼素, 尿素, 画素, 毒素, 酪素, 熱素, 弗素, 茶素, 音素, 燃素

さらに，「血清素, 紅藻素, 繊維素」のような三字語や「酸化窒素, 転写酵素」などの四字語, それに「四塩化炭素」などの五字語以上のものを入れると，非常に大量の和製漢語を数えることができる．

同じことは人文関係の新漢語についても言える．昭和9年の『新語新知識

表 3.4

二字	右傾　煙幕　恩赦　改編　過疎　脚色　脚光　極右　極左　緊縮 偶像　高圧　強引　公害　硬派　公判　告発　左傾　死角　時局 時効　周波　省力　指令　節電　洗脳　疎外　待機　体系　暖色 断絶　定期　電圧　転向　動員　独裁　特赦　特種　軟派　反証 伴奏　漫談　猟奇 （相性　暗転　印税　駅伝　思惑　縁日　音頭　感状　協賛　空輸 減反　現物　採算　示談　銃後　女給　台本　弾圧　談合　団地 茶代　茶番　定本　転進　特攻　発禁　反則　漫才　民放　落丁 留年　連中　惑星）
三字	営業中　火炎瓶　核家族　過渡期　擬人法　既得権　高姿勢 公証人　再教育　座談会　紫外線　自叙伝　主題歌　生命線 赤外線　妥当性　超弩級　超能力　低姿勢　適齢期　特殊鋼 肺活量　陪審員　背任罪　非常時　文庫本　偏平足　摩天楼 末梢的　無神論　有機体　優生学　容疑者　露出狂 （怪文書　興信所　公認料　下馬評　不時着　変質者　）
四字	安全第一　英雄主義　温情主義　階級意識　外交辞令　緩衝地帯 機械文明　狂乱物価　虚無主義　勤労奉仕　空中分解　軍国主義 軍縮会議　経済封鎖　公定相場　国粋主義　最後通牒　財団法人 三角関係　三面記事　至上主義　自然主義　事大主義　支配階級 象徴主義　写実主義　自力更生　新感覚派　整形外科　刹那主義 第三帝国　耽美主義　同人雑誌　特権階級　特需景気　認識不足 不快指数　不労所得　変態心理　報告文学　保護貿易　浪漫主義 （大衆団交　任意出頭　予算返上）
五字以上	機会均等主義　議会中心主義　民族自決主義

附常識辞典』（大日本雄弁会講談社）から表3.4のような新語を拾ってみると，あきらかに二字より三字以上で構成する新漢語が多くなってくるのが特徴である．

しかも，そうした明治以降の新造語も日中同形の共通語として中国語に吸収されていった部分が多い．表3.4のカッコ内の語は中国語としてあまり使われていないところからみても，二字漢語の中で日本的な造語が目立ち，占める割合も一番高い．それに比べると，三字以上の語はどうしても説明的になり，中国語にも受け入れられやすいと考えられる．

19世紀の末から20世紀にかけては，アジア周辺国への新語新概念の拡散が始まる．1902年以降，中国留学生による日本書物の翻訳が盛んに行われ，多くの日本新漢語が中国語に持ち込まれた．それも近代日中両国語における同形語の増大の一因となっている．

日本語の中で成立したこれらの新漢語は中国や朝鮮半島へも逆輸入されたことが知られている．中国語にしても朝鮮語にしてもそれらをすべて自国語の字音読みという風呂敷で包んで受け入れたので，外来語や和語などの語種を超えた，より広い視野でそれらを眺める必要がある．たとえば，中国で出版された1917年の *Handbook of new terms* にはわざわざ新語に日本由来の"J"と注記した語が出てくる．

この中に，表3.5のように音訳語（虎列拉）も訓読語（組合，取締）も国字（腺）も入っていることがわかる．音読みの漢語が多いのはもちろんのこと，訓読みの言葉が本来日本独特な意味合いを持つにもかかわらず，漢字文化圏にも通用するのはどういったベースがあるのかを究明する必要がある．例えば，「組合」のようなものは，漢字の字面で読み取れる意味（くみあわせる）と日本語本来の意味（労働者組織）との間に，すでにある程度の意味的ずれをもっ

表3.5

arbitrator 仲裁　authority, to have 支配　authorize 裁（認）可　butter 牛酪　ceremony of ship‐launching 入水式　cholera 虎列拉　confederated 組合　exchange (money changer's shop) 両替屋　gland 腺　in 裏面　memorandum 覚書　methods 手続　one sided 片面　one sided affair 片務　regulate 取締　trading post 場所

て受容されているのではないかと思われる．「取消，取締」には「取」の意味が主として働くから，大きくずれることにならないが，「覚書，両替」のように字面での理解が行き届かない場合はだんだんと使われなくなってしまうだろう．

　要するに，漢字文化圏への拡散は新漢語だけに限らず，国字や和語，外来語の漢字表記も新語として中国語や朝鮮語の中で受け入れられるようになる．たとえば，

　取締　組合　立場　入口　出口　広場　打消　引渡　場合　見習　勿忘草

のような訓読みの和語でも，または，

　瓦斯(ガス)　倶楽部(クラブ)　淋巴(リンパ)　浪漫(ロマン)　混凝土(コンクリート)

のような外来語の漢字表記でも受け入れてしまう．さらに，

　瓩（キログラム）　籵（デカリットル）　竏（キロリットル）　竓（ミリリットル）
　㖭（デシリットル）　竰（センチリットル）　糎（センチメートル）　腺（セン）

など，新しい概念への対応として作り出された国字も近代化をめざす中国にも必要なものとなるため，近代新漢語の中国流入と同時期に，日本から意味と形態とともに逆輸入されたと考えられる．ただ，その中で現在の中国語では訳し直されたものも多い．受け入れ側の中国語と朝鮮語の立場からすれば漢字表記の外来語や訓読み語を全部現地音で受容される意味ではそれこそ正真正銘の和製漢語となるのであろう．

　新漢語の中国への拡散に関して，どういうルートと媒介を使っていたかも重要な研究テーマの一つである．英華字典だけでなく，華英字典や『徳華大字典』(1920) など，他の対訳語辞典も中国へ新語を伝える重要なルートの一つである．そして，新聞雑誌や日本滞在経験のある有名知識人の文章も日本新漢語を中国に伝える媒介をなしている．日本語訳から中国語に訳された『共産党宣言』は中国社会に大きな影響の及ぼすとともに，社会主義関係の語彙の伝播には重要な役割を果たしただろうと思われる．

また，同じ外国語の文献に対して，日中両方の訳がほぼ没交渉で同時期に現れる場合，両国のそれぞれの翻訳態度や，訳語の定着などを見るのも必要である．思想・哲学に関して，厳複の翻訳がよく挙げられるが，心理学・教育学など，人文科学に関するものをもっと丁寧に調べるべきであろう．自然科学に関する交流の細部にわたってもさらなる調査が必要であると考えている．そうすることによって，近代日本で形成された新漢語がいかに東アジアへ広がり，共有の財産となったのかをたどることができるし，またそれによって東アジアの国々の近代化にどのように寄与したかもわかるのであろう．

4. 外来語の現代

1.「外来語」の概念と用語

　「外来語」とは，もとは外国語であるが，取り入れられて日本語の一部として用いられるようになった語をさし，狭義には，漢語を除いて考えるのが一般的である．

　ただし，近代・現代の中国語から取り入れたもの――「一（イー）」「高粱（コーリャン）」「餃子（ギョーザ）」などは，「外来語」の中に含める場合もある．

　「外来語」の中には，「オールドミス」「ナイター」など，本国ではそのような言い方をしないものがあり，それらは「和製英語」と呼ばれることが多いが，必ずしも英語にもとづくとは限らない．

　梵語（サンスクリット）の古い時代の音訳語――「涅槃（ネハン）」「阿闍梨（アジャリ）」などは漢字で記されることもあって，普通には「外来語」より除いて扱われる．

　さて，『日本国語大辞典』（第2版，小学館）に拠ると，「外来語」という語の初出例として，言語学者・国語学者である上田万年(かずとし)（1867-1937）の著作『国語のため』（1895年刊）における，

　　采覧異言と西洋紀聞とは，外来語研究上の資料になるもので

が，ついで，金沢庄三郎編の辞書である『辞林』（明治44年〈1911〉版）にお

ける，

　ぐゎいらいご（外来語）外国語より借入したる語

が，あげられている．

　「外来語」と同じような意味合いで，「洋語」という語も使われることがある．『日本国語大辞典』（第2版）を参照すると，

- 太政官第二一四号-明治5年（1872）8月2日・30章（法令全書）「当今中学の書器未だ備らず，此際在来の書によりて之を教るもの，或は学業の順序を踏まずして洋語を教へ，又は医術を教るもの，通して変則中学と称すべし」
- 漫遊記程（中井弘，1877）「僅に二三の洋語を解するも，従に起臥出入の用をなすのみ」
- 当世書生気質（坪内逍遙，1885-86）――「洋語（ヤウゴ）まじりにつぶやきたる」
- 俳句問答（正岡子規，1896）「第四，我は音調の調和する限りに於て雅語，俗語，漢語，洋語を嫌はず」

などの例があげられているが，全て，「西洋諸国のことば」という段階にとどまっている．このことは，森鷗外の『最後の一句』（1915）の例，

　元文頃の徳川家の役人は，固より「マルチリウム」という洋語も知らず，又当時の辞書には献身と云う訳語もなかったので，人間の精神に，老若男女の別なく，罪人太郎兵衛の娘に現れたような作用があることを，知らなかったのは無理もない．

や，夏目漱石の『三四郎』（1908）の例，

　「なんだも無いものだ．もう少し普通の人間らしく歩くがいゝ．丸で浪漫的（ロマンチック）アイロニーだ」　三四郎には此洋語の意味がよく分（わか）らなかった．仕方がないから，「家（いへ）はあったか」と聞いた．（略）其晩取つて返して，図書館で浪漫的（ロマンチツク）アイロニーと云ふ句を調べて見たら，独乙のシュレーゲルが唱へ出した言葉で，何でも天才と云ふものは，目的も努力もなく，終日ぶらゝぶら付いて居なくつては駄目だと云ふ説だと書いてあった．（四）

を読むと，さらに明白となる．このことから，明治～大正期においては，「洋

語」は「西洋語」であり,「外国語」であって,現代私たちのいう「外来語」ではなかったことが知られる.そこで,本章では,混乱をさける意味で,「洋語」という語を用いない.

「外来語」をさす語として,現在,「カタカナ語」がよく使われている.マスコミなどが現在の日本語事情をレポートする際に使い,私自身も,現代若者ことばとしての,また流行語としての性格を有する「リベンジ」「ゲット」などを扱った論考(参考文献参照)において,「カタカナ語」の方を用いた.外来語はカタカナ表記されるという特性を強調した用語であるが,「日本製の外来語」(「和製英語」)まで含みこめることができるので,本章でも時おり使うことになるであろう.なお,この「カタカナ語」,『広辞苑』(第5版)には立項がなく,『日本国語大辞典』は「片仮名語」という表記で,

ふつうかたかなで表記される語.特に,外来語や和製外国語をいう.

と説明している.用例はあげられていない.

2. 外来語の受容と現状

(1) キリシタンのもたらした外来語

外来語が日本に初めて入ってきたのは,室町時代後期,キリシタン伝来の時期である.セズ-キリシト(Jesu Christo〈ポルトガル語〉以下略号〈ポ〉),サンタ-マリヤ(Sancta Maria〈ラテン語〉以下略号〈ラ〉)などの固有名詞,キリシタン(Christão〈ポ〉),デウス(Deus〈ラ〉)などの語,エケレジヤ(Ecclesia〈ラ〉教会),クルス(Cruz〈ポ〉十字架),コンタス(Contas〈ポ〉念珠)などの建造物や品物,コンパニア(Companhia〈ポ〉会),コレジヨ(Collegio〈ポ〉学林)などの組織名,そしてオラショ(Oratio〈ラ〉祈り),コンヒサン(Confissão〈ポ〉告白・告解),バウチズモ(Bautismo〈ポ〉洗礼)などの宗教的動作を表す語,さらには,コンシエンシヤ(Consciencia〈ポ〉良心),ジュスチイサ(Justiça〈ポ〉正義),スピリツアル(Spiritual〈ポ〉霊的)など深い思索に関する語も流入された.

しかし,徳川幕府により徹底化された禁教令によって,それらの語は日本語

の表層より姿を消し，かろうじて生活用品として江戸時代以降も日本人に愛好されたタバコ（tabaco），カッパ（capa）（ポルトガル語），メリヤス（medias），シャボン（jabón）（スペイン語）などが残ることとなった．ただし，このカッパもメリヤスも，現代若者層においては，縁遠い語となっている．

(2)「スピリッツ」の受容と現状

　キリシタン時代，学林(コレジヨ)や学校(セミナリヨ)においては中世ヨーロッパの神学・哲学・生理学等の影響を受けて高度な教育がなされていたとみられるが，森鷗外『最後の一句』における「マルチリウム」も，実は，「まるちりよ Martirio 〈ポ〉殉教」あるいは，「まるちる Martir 〈ポ〉殉教者」という限定された形・意味合いでは，日本に入って来ていたのである．

　キリシタン用語として教義書・文学書に使われた語のうち，禁教下一旦途切れたものの幕末明治期に再びとり入れられ，現代語に生きているものに「スピリッツ」がある．本節では，中世から現代における「スピリッツ」の受容史を概観しておきたいと思う．

　1595年成立の"Compendium（講義要綱）"の中に，次のような文章がある．

> 去ハ，スピリツサントノ上ヲ論シ奉ルニ，スピリツサント丶云辞ヲ二サマニ安レ思スル事，恊フ也．一ニハスヒリツト，二ニハサント丶，此二ノ辞也ト思案スル事．此二ツノ辞ノ心ハ，貴キ無色ノ体ト云心也．然ル時ンハ，パアデレヲモヒイリヨヲモスヒリツサント丶申奉ルソ．サンチイシマチリンタアテノ三ノヘルソウナ，トモニ貴キ無色ノ体ニテ在マセハ也．二ニハスピリツトサント，此二ノ辞ハ，サンチイシマチリンタアテノ第三ノヘルサウナニ当奉ルヘキ一ツノ辞ノ代リ也．然ル時ンハ，第三ノヘルサウナハカリヲスヒリツサント丶申奉ル也．スヒリツトハ spirata persona ト云也．（略）第三ノヘルソウナヲスヒリツサント丶宣フ也．（242 ウ）

　今，「（略）」と記した部分に出る例を含めて，ここでは，「スピリツ」と「スピリツト」が 8 対 3 の割合で登場する．キリシタン用語の「スピリツ」「スピリット」は，ポルトガル語の「Spiritu（霊）」を音表象したものであるが，1591 年版国字版『どちりいなーきりしたん』は「すぴりつ」であり，『サルワ

トルームンヂ』(1598年刊) も「すぴりつ」,『こんてむつすーむん地』(1610年刊) も「すぴりつ」であり,「スピリツ」が通用語形と思われる.

一方, 現代語の「スピリッツ」は, 英語の「spirit」の音表象である. その英語も, 明治期では, 次に示すように,「スピリット」「スペリット」で"ゆれ"を見せている.

- 其気風とは所謂『スピリット』なるものにて (福沢諭吉『学問のすゝめ』四・学者の職分を論ず)
- 是まで奴隷習になれし者も是では黙っておられぬと『スペリット』を興します (『明六雑誌』27号 民選議院変則論〈阪谷素〉)
- 仮令芸妓をして居たからって其スピリット〔気象〕さへ高尚なら (坪内逍遙『当世書生気質』11)
- 然れども其の有限なるは人間の精神にあらず (北村透谷『明治文学管見』)

しかし, その"ゆれ"も「スピリット」に収斂されて昭和期に入ったものと見られるが, 現代若者の代表である学生の中には,「スピリッツ」を使う者もおり, また, テレビ番組名として「徳光和夫の情報スピリッツ」などというものも存在するので, より英語らしき発音に馴れた人たちの間で, 今後「スピリッツ」が増えてくる可能性がある. ただし, 酒税法でアルコール度の強い酒をさす「スピリッツ」を注記する辞書はあっても,「スピリッツ」を親見出しに使う辞書はいまだない (つまり,「スピリット」で立項する) というのが現状である.

3. 明治時代の外来語とその特質

(1) 翻訳小説より

例ヘバ古ノアセニヤン〔譯者云フ古代希臘ノ都府ヲアセント言フ. 所謂ユルアセニヤンハ其都人ヲ言フナリ.〕直チニアリストヽル (アリストヽルハ希臘ノ賢哲ナリ) ノ講釈ヲ聞テ学ブガ如シ. 是レ今人ノ其書ヲ讀ンデ學ブニ勝ルベキハ言ヲ俟タズ. 今マルツラバース, 一草屋ノ中ニアリスヲ教ユルハ亦猶ホ古ヘアカダム (譯者云フアカダムハ希臘羅馬ノ学校ヲ言フ) ニ於テ鳥獣艸木日月星辰人神ノ

理由ヲ教エシガ如クナリ．（『欧洲奇事花柳春話』第六章）

　これは，丹羽（織田）純一郎によるロウド・リットン"*Ernest Maltrverse*"の翻訳（明治 11-12 年〈1878-79〉）の一部分であるが，漢字カタカナまじりで漢文訓読調であるところは，2 節に引いたキリシタン宗教書"*Compendium*"と何らかわらない．『花柳春話』では，近代聖書などの翻訳と同様，登場人物には――を，地名には＝＝を右傍に引き，視覚的な読みやすさを工夫している．訳者丹羽（織田）純一郎は，固有名詞以外は，漢文訓読脈を主調とする日本語におきかえようと努めており，「アセニヤン」「アカダム」は，訳すことをせず特殊な語として原語（外国語）のままおいたものである．ただし，教育的配慮として，「譯者云フ」などの形で説明を注記していることが注目される．

　『花柳春話』を収録する『明治文学全集 7』の解題において，木村毅は，原文"I should sleep well if I could get one kiss from those coral lips."の「one kiss」を「朱唇を一嘗する」と訳していることに対して，

> 幕末に行われた不完全な英和辞書にも，中国傳來の譯語で「接嘴，接吻」など見えているが，一般には用いられず，使っても何の事か分からず，したがってこの工夫の創語に及んだのである．

と述べている．『花柳春話』に先んじて明治 3-4 年（1870-71）に刊行された中村正直訳『西国立志編』における，

> 物斯的(ウエスト)は吾が母の一親嘴(キス)〈注〉クチヲホウニツケルコト 我をして画工とならしめたりと云へり（十二・三）

のごとく，カタカナ語「キス」を併記しているやり方とは，大いに異なっている．

　外来語が入ってきた当初，中国伝来の訳語に拠るか，それらしき漢語の訳語を創出するか，新たな表現でのぞむか，カタカナ語としての"お目見え"をするか，訳者の大いに考えるところであろう．現代のように，インターネットや宇宙衛星通信網の発達により，リアルタイムで刻々と世界の情報が入ってくる状況にあっては，明治時代の訳者があれこれ逡巡していたような時間がなく，

そのまま数と勢いにまかせて外国語がカタカナ語として、我々の耳にとびこみ、それがマスコミの連呼によって「外来語」として固定し、日常化している。平成16年に、国立国語研究所が、いくつかのカタカナ語を和語や漢語で言い換えようと案を提案しているのも、ある面では、外来語受容の原点に立ち帰ろうとしていることになる。

なお、「kiss」に論をもどすと明治29年（1896）刊の尾崎紅葉『多情多恨』では、

　写真を出して、（略）一枚を取挙げて、生けるが如く接吻(キッス)をすると（前・五・二）

のごとき表記が見られ、「接吻」＝「キッス」という連関が日本人の間に少しずつ出来上ってきたことがしのばれる。大正13-14年（1924-25）に成立した長与善郎の『竹沢先生と云ふ人』では、

　奥さんも（略）膝の上の八百子ちゃんの頬にキスをした（竹沢先生と虚空・七）

とカタカナ語としての確立が認められ、特に子どもの頬に「kiss」する行為は、「キス」「キッス」のごとくあまり抵抗なく表現されていったことを想像させる。

　「ちょッ！　何しに今時分出掛けたンだ……かの一件、あれが自己(おれ)に出来るか？　第一真面目に考へた事だらうか？　いや、こんな幻想(フハンタジー)を焙(もや)して自分で自分を慰めてるに過ぎない、唯ほんの玩弄(おもちや)だ！　さうだ！　玩弄(おもちや)かも知れない！」
　（略）殊に此所らには珍しからぬ居酒屋から燻蒸する烟と、休暇(やすみ)でなくても何所(どこ)にも蹣跚(よろめ)いてゐる酔倒人(よひどれ)は此嘔吐を催すべき不快な舞臺を補(おぎな)ツて、我が主人公(ヒーロー)の冴えた顔色は忽ち苦々(にがにが)しき嫌悪の印象(インプレツション)を露(あら)わした。（『小説(せうせつ)罪と罰』上篇・第一回）

これは、ロシアの文豪ドストエフスキーの原作『罪と罰』を英訳した本より、内田魯庵が明治25年（1892）11月、翻訳刊行したものの一部である。『花柳春話』より15年ほど後であるし、4年前の明治21年（1888）には、二葉亭四迷がツルゲーネフの『猟人日記』の一編を『あひゞき』と題して『国民之友』に翻訳発表し、その言文一致体の自然描写が当時の文学青年を魅了してい

た．したがって，この『罪と罰』も文章としてよくこなれている．
　「幻想」「主人公」「印象」に付された「フハンダジー」「ヒーロー」「インプレッション」のカタカナ語も，英語を多少学んだ教養層にとって，平成時代の若者ほどはなかったにしろ，あああれと思うぐらいの認知度はあったものと推測する．もちろん，このような表記の配慮があってはじめて，学び知る人たちも多かったことであろうが．
　魯庵訳『罪と罰』には，

　　「「ビール」一本に「ビスケット」一トロ．それで氣力を恢復し，精神を一掃し，
　　決心を固め……つまらん！　つまらん！　卑劣極まる！」（上篇・第一回）

という主人公ラスコーリニコフのひとりごとが出るが，ビール，ビスケットという語に「　」がつけられているものの，西洋化されゆく日本人の食生活でいち早く市民権を得てゆく語群であったことが見てとれる．ポルトガル語「pão」から室町時代後期に流入し，禁教下で表立つことのなかったパンが，「おらんだ人常食にぱんといふものを食するよし」（『蘭説弁惑』1799）などの伝聞を経由して，文部省が明治19年（1886）に出した『読書入門』では，

　　ぽちは，すなほないぬなり．ぽちよ，こいこい，だんごをやるぞ．ぱんもやるぞ

のごとく，「だんご」と同じぐらいの生活感覚で登場することとも軌を一にし，外国の料理や食材が日本人の嗜好に合った場合の，カタカナ語定着の度合の早さは驚くべきものがある．

(2)『当世書生気質』に反映された外来語
　「じゃんぎり頭をたたいてみれば文明開化の音がする」とうたわれた文明開化の一翼をになったのは，「書生」と呼ばれた学生層である．英学を志す書生たちの生態を描いた坪内逍遙の『当世書生気質』（明治18-19年〈1885-86〉）をもとに，明治の学生の外来語事情を把握しておこう．

　　須　「ヲ、宮賀か．君は何處へ行って來た．」
　　宮　「僕かネ，僕はいつか話をしたブツク〔書籍〕を買ひに丸屋までいつて，

それから下谷の叔父の所へまはり，今帰るところだが，尚門限は大丈夫かネヱ.」
須　「我輩のウヲツチ〔時器〕ではまだテンミニツ〔十分〕位あるから，急いて行きよつたら，大丈夫じやらう.」
宮　「それじやア一所にゆかう.」
須　「ヲイ君．一寸其ブツクを見せんか．幾何した歟.」
宮　「おもつたより廉だつたヨ.」
といひながら得意兒に包をとく〳〵取出すは，美イトン氏の，普通學識字典なり．須河はあゆみながら，二三枚開いて見て，口の中でペラ〳〵と，二言三言讀みとりつゝ，
須　「實に是はユウスフル〔有用〕じや．君これから我輩にも折々引かしたまへ．比ストリイ〔歴史〕を讀んだり，比ストリカル委ツセイ〔史論〕を草する時には，これが頗る益をなすぞウ.」
宮　「さうサ．一寸虛喝の種になるヨ.」
と話しながら雉子町邊まで來る折しも，傍の理髮店の内にて，時計の音チン〳〵．二人は吃驚兒見合せ，
須　「宮賀いかんぞ．モウ六時を打たぞ．我輩のウヲツチはおくれてをるワイ.」（『当世書生気質』第二回，初版本による．仮名遣い原文のまま.）

　須河と宮賀という書生の会話を映している．総ルビ形態をとっているが，「ブツク〔書籍〕」と「ブツク」，「ウヲツチ〔時器〕」と「ウオツチ」という表記形態の相違は，作者坪内逍遙が登場人物のセリフに託した外来語受容に関する微妙な親疎の色分けを反映したものと見なせるであろう．この場面のみに限ると，最初の例で読者の理解を得るためにカッコを付した訳語併記形態をとり，二回目では外来語として登場させているとも見なせる．その語に親しんだ結果が，訳語なしの表記形態となるのである．
　「比ストリイ〔歴史〕」や「比ストリカル委ツセイ〔史論〕」は，科目名としての原語表示に準じたものかもしれないので除くとして，「テンミニツ〔十分〕」「ユウスフル〔有用〕」の外来語に目がゆく．数字については，他の箇所でも「アツト，リイスト〔少なくとも〕フヒフチン〔十五〕だけは」「スリイ〔三〕か，スリイ，ハアフ〔三半〕もありやア」などと英語をまじえている．形容詞・形容動詞的なものとして，「宮賀がアンコンシヤス〔無感覺〕になり

おつたから」「大してリッチ〔金満〕といふぢやアなし」「僕だつてフホルリイ〔おろかな行為〕がないぢやアない」「デンゼラス〔劍呑〕きはまつた話さ」「君はネルウバス〔苦勞性〕過るヨ」「ツウ, チイプ〔あまり廉〕」「中々テクニカル〔科學的〕の言葉があるから」「何とかプロベブルな〔ほんとらしい〕口實を設けて」などが目に入る．これら訳語併記的なものと，「實に日本人のアンパンクチュアル〔時間を違へる事をいふ〕なのには恐れるヨ．」のごとき「〜事をいふ」形式との差異については十分慎重にあらねばならないが，「アンパンクチユアル」の方は，いわば流行語的に書生間で流布していた背景を想定せしめる．友人から来た手紙について，「相替らず中々 interesting〔をもしろい〕だヨ．マア讀んで見たまへ」の場合は，おそらく原語にきわめて近い発音をしたものをセリフとして反映させようとしたものと思われるが，全てがこのように解けるわけではない．

動詞的なものとしては，「餘ツ程君をラブ〔愛〕して居るぞう」「ちつとヘルプ〔手助〕すればよかつた」「我輩がペイ〔拂ひ〕するからえいは」「後でアツカウント〔計算〕をするから」「コンフヘツス〔白狀〕してしまひたまへ」「君が屢々プレイ〔放蕩〕する時分に」などがあり，「小町田のラアブしちよる女じやネ」の表記をも含めて，書生ことばとしてのかなりの普及をそこに見出す．

名詞的なものは枚挙にいとまがないので省略するが，『当世書生気質』に登場する外来語の八割以上の語が，現代にもカタカナ語として日常的に通用している姿（ただし品詞的なものや語構成上変化を持つものもある）を認めることができる．外来語に占める英語語彙の勢力をあらためて知るとともに，外来語をノリで受け入れ仲間うちで楽しく使おうという若者たちの言語感覚は，明治時代も現在も何らかわりのないことを感ずる．

実は，平成流行語の一つである「ゲット」も，『当世書生気質』に「とう〳〵四圓だけゲット〔得領〕したのサ」（第 7 回）のように使われているのである．明治 18-19 年（1885-86）から約 100 年ほど経った昭和 59 年（1984）12 月 28 日の「朝日新聞」夕刊「らうんじ」面に，「若者'84 これが平均像だぜ」という記事があり，平均的若者像として「ゲット人間　裏方はイヤ目立ちたい」という見出しが出ている．その後，6 年ほど経つと，サッカー記事の中で「ゲット」は満開する．そして，ゲットの対象も，「彼女（彼氏）」「お宝」「資

格」「情報」何でもありという風に拡大して現在に至っている。「ゲット」の場合，大正時代や昭和初期は目立った動きがなかったが，「得る」「獲得する」という基本動詞であったことと，従来の「得る」「獲得する」とは少し色あいのことなる「得方(えかた)」「獲得状況」やその時の心理心情までをこめた言い方をしたいと発話者が願ったことで，ことばの表舞台におどり出たと言えよう．

(3) 英語圏以外からの外来語

2節では，ポルトガル語・スペイン語より取り入れた外来語にふれ，本節前項では，明治期に英語圏より取り入れた外来語について言及した．英米両国を

表 4.1

オランダ語	アルコール（alcohol）　カルキ（kalk）　メス（mes）……医学・薬学用語 インク（inkt）　ガラス（glas）　コップ（kop）　ビール（bier）　ポンプ（pomp）　ペンキ（pek）……日常生活用語
ドイツ語	ガーゼ（Gaze）　ノイローゼ（Neurose）　ビールス（Virus）　ホルモン（Hormon）……医学用語 イデオロギー（Ideologie）　テーマ（Thema）　テーゼ（These）……思想用語 アルペン（Alpen）　ピッケル（Pickel）　ザイル（Seil）　リュックサック（Rucksack）……登山用語
フランス語	マント（manteau）　ゲートル（guêtres）　ズボン（jupon）……軍事関係用語 アトリエ（atelier）　デッサン（dessin）　アップリケ（appliqué）　シュミーズ（chemise）　ドリア（doria）　オムレツ（omelette）　マカロニ（macaroni）　マヨネーズ（mayonnaise）　オードブル（hors-d'oeuvre）……芸術・服飾・料理用語
イタリア語	オペラ（opera）　カンツォーネ（canzone）　ソプラノ（soprano）　アンダンテ（andante）　ソナタ（sonata）……音楽用語 スパゲッティ（spaghetti）　パスタ（pasta）　ピザ（pizza）……料理用語
ロシア語	インテリ〈インテリゲンチア〉（intelligentsiya）　カンパ〈カンパニア〉（kampanija）　ノルマ（norma）……労働運動・思想関係用語 トロイカ（troika）　ペチカ（pechka）　ウオッカ（vodka）……日常生活用語

主軸とする英語圏よりの借用語は，外来語総数の八割を占めると言われるので，その様相の一端は示しえたかと思うが，文明開化時には英米以外の国々からの影響も大きく受けている．その代表的なものを例示しておきたい．なお，鎖国後のオランダより取り入れた語を，冒頭に添えておく．

　平成10年前後より，首都圏を中心にイタリアレストランがオープンし，庶民的には「イタめし」「イタめし屋」という呼称で売りこまれており，上記に示したイタリア語よりの料理用語は，若者層に聞けばさらに増える見込みである．また，「ギョーザ」のごとき中国料理用語や「キムチ」「ビビンバ」「ナムル」のごとき韓国料理用語，「ナン」のごときインド系料理用語も，食の国際化に加速され，どんどん日本人の日常生活用語として取りこまれ，楽しまれているのが現状である．一方，パソコン用語として，

表4.2

アーカイバー　アーカイブ　アーキテクチャー　アービトレーション　アイコン　アイドル　アイビームポインター　アウトソーシング　アウトラインフォント　アカウント　アクセサリーソフト　アクセス　アクセラレーター　アクティブウインドウ　アクティブセル　アクティブディレクトリ　アクティベーション　アセンブラー　アダルトサイト　アップグレード　アップデート　アップロード　アドインソフト　アドウェア　アドホック　アドミニストレーター　アドレス　アバター　アフィリエイトプログラム　アプライアンス　アプリケーションソフト　アプレット　アラート　アルゴリズム　アルファニューメリック　アローポインター　アンインストーラー　アンインストール　アンシャープマスク　アンダー　アンチエイリアシング　アンドゥー　アンフォーマット

(『日経パソコン用語事典』アの項目より，略号によるものを除いた主要語)

などが"横文字氾濫"状態で流入してきているのも現状である．これらのうち，日常生活上パソコンを活用する人々にどれだけ理解され使用されているのかなどの調査は十分ではない．また，ふさわしい日本語のおきかえも，いまだ十分考慮されているとは言えない．

4. 日本製の外来語

　和製英語の「オフィス-レディー」「ナイター」「ナイトショー」「スケートリ

表 4.3

和製英語	英語
アド バルーン	advertising balloon
アフレコ（アフター レコーディング）	postrecording (dubbing)
エーブイ［AV］（アダルト ビデオ）	porno (graphic) video
オープン セット	outdoor set
カー フェリー	ferryboat
<u>ゲートボール</u>	
ゴール イン	reach the goal (finish/cross/the goal line, break/breast/the tape)
シーエム［CM］	commercial message
タイム スリップ	moving by time machine
デス マッチ	fight to the death
ノー タッチ	have/has/nothing to do with this
パネラー	panelist
ビージー［BG］（ビジネス ガール）	office girl
フルーツ パーラー	ice-cream parlor also specializing in retail sales of fruit
プレー ガイド	ticket agency
ホーム ドクター	family doctor
ホーム ドラマ	family drama (family situation comedy)
ホーム ヘルパー	home care aid (home health aid)＊, personal care worker＊, home help英
マイ カー	one's own car, private car
マイ ペース	at one's own pace, in one's own way, in one's own good time
マイ ホーム	one's own house
<u>ムーディー</u>	
メーン スタンド	grandstand
ライト バン	station wagon＊, estate car英, (delivery) van
レコード コンサート	gramophone concert

ンク」はそれぞれ英語では,「office girl」「night game」「midnight show」「skating rink (ice rink)」と言われるものである.『岩波国語辞典』(第5版) を参照すると, 他に表 4.3 のような例がある.

　波線を付した「ゲートボール」は, 表記すると「gate ball」となるが,「五人一組で二組が相対し, 各自が木球を T 字形のスティックでたたいて, 3 ヵ

所の低いゲート（門）をくぐらせ，ゴール・ポストに当てる競技．1947年，北海道で考案」（『広辞苑』）され，「1970年代後半から高齢者を中心に全国に普及した」（百科事典『マイペディア』）球技であり，キーワードの「gate」と，「ball」を結びつけて出来上がっている．また，「ムーディー」は，「ムードのあるさま」の形容に使われるが，英語の「moody」は「不機嫌な」「気まぐれな」の意を持ち，大いに意味が相違する．英語の「mood」の語義の一つに「作品などが持つ雰囲気」があるので，この雰囲気をプラスに拡大した結果が，和製英語としての「ムーディー」になる．「賢い」「きびきびした」「洗練された」などの意をもつ「smart」が，「スマート」と日本語化された際，「細くてすらりとしているさま」の形容に変化したのと，似通った現象である．元は「ずるい」の意の「cunning」が「試験における不正行為としてのカンニング」となったのも，和製英語化する際に，意味・用法の"ひねり"を受けているからである．

　「ホーム」や「マイ」を語構成要素としてもつものに和製英語が多いのも，「family」や「own」という英語よりも，「home」「my」という英語により親しく日本人がなじんでいた結果である．「AのB」という日本語的構成をすると，「ホームドクター」「ホームドラマ」や「マイカー」「マイペース」「マイホーム」は簡単に生み出すことができる．コマーシャルのことばにこれらが乗せられると，聞く方も違和感がなく，あっという間に全国民に浸透してゆく．「ゴールイン」も「goal」に入るのだから「in」というまことに日本語文らしい構成を語構成上，有している．英語であると，「reach the goal」ほか数種の表現法がある上，「結婚すること」という意味が表せない．「来月ゴールインする予定です」は，「They are going to get married next month」となり，「結婚する」という語をあえてさけた話者（書き手）の表現意図が生きてこない．つまり，和製英語は，それは広くカタカナ語の特性と言ってもよいが，その語でしか表現できない意味合い・ニュアンス・表現効果・ノリを持っていることが多い．英語という外国語の初期の導入にあって，原語の正しい意味用法を伝えることは大切なことであるが，漢語を長い歴史をかけて日本語に効果的に取り入れてきた日本人は，英語などの外国語に対しても，その才能や感性を働かせているのである．ただし，「リベンジ」「ゲット」「アバウト」をあげるまで

もなく，昨今，少し調子にのりすぎている部分はある．IT 用語を中心とするカタカナ語の政府規模の見なおしとともに，日常生活規模での私たち一人一人の自己管理（ゆくゆくは各人の日本語の美意識につながるものとして）が必要な時に来ているのである．

5. 外来語の未来

4.4 節でとりあげた和製英語のうち，「ビージー（BG）」はすでに死語となっている．筆者が大学生時代（昭和 40 年代）に盛んに使われていたが，いつしか「オーエル（OL）」全盛時代となっていった．ともに，英語は「office girl」でありながら，一昔前は，「ビジネス」がより強烈で華やかな印象を日本人に与え，そのうち「オフィス」がより高級感を与えるようになり，かつ，「ガール」よりも年齢の加算された大人というイメージで「レディー」を語構成にもってきているのであり，時代のニーズを読みとることができる．

外来語は，取り入れる時に，すでにその時代の国家・文化・国民総体の要求や志向性が明らかにあらわれる．だからこそ，慎重に時間をかけて選んでいくことが大切であるが，国際経済・情報社会はスピードがますます加速されてゆき，たちどまってことばのよしあしを考えるひまがないのが現状である．

しかし，「千年紀（千年間）」という長い期間を表す語である「ミレニアム」を，「2000 年を迎える前の 1999 年のこと」と誤解して，「ミレニアム商戦」におどらされたにがい経験を私たちは有している．このようなあいまいさを避けるためにも，外国語を最初に紹介するメディアである新聞・雑誌は，原語表記とともにその正しい意味をカッコに入れても同時に示すべきである．TV の場合も，テロップという手段がある．明治時代の文献のいくつかは，そのような教育的配慮・工夫に満ちている．見ならうべき点があろう．

「マイペース」は和製英語ながら，便利な語である．「私の勝手にやらせていただきます」では，角が立つ．「マイペースで」と言うと，なごやかな雰囲気を感ずる．英語だと，「at one's own pace」「in one's own way」「in one's own good time」など分けて表現しなければならないことを，まとめて表現できる利点はなかなかのものである．このようなものは大いに残し，「マイドクター」

は「かかりつけのお医者さん」,「マイホーム」は「わが家」になおすこころみもしてみるべきであろう．

　日本語の柔軟性が，地球規模で国際化する世界においてプラスに働くことを期待しているので，もともとの日本語（和語）をいつくしみ楽しむ心があるならば，外来語の将来も明るいのではないだろうか．和語をいつくしみ楽しむ心を育てるのは，古典文学を含めた国語教育である．よいものを，小・中・高校生に十分に時間をかけて触れさせることこそが，外来語に対処する遠くて近い道であることを提言しておきたい．

5. 漢字使用の現代

1. 和語の漢字使用

(1) 漢字使用の減少

次に示すのは，言文一致運動の先駆けとなった二葉亭四迷の『浮雲』(明治20年〈1887〉) の冒頭部分である．

初版本（金港堂版の複製本による）

千早振る神無月も最早跡二日の余波となツた廿八日の午後三時頃に神田見附の内より塗渡る蟻，散る蜘蛛の子とうよ〳〵ぞよ〳〵沸出でゝ来るのは孰れも顋を気にし給ふ方ゞ，しかし熟ゝ見て篤と点撿すると是れにも種々種類のあるもので，まづ髭から書立てれば口髭頬髯顎の鬚，暴に興起した拿破崙鬚に狆の口めいた比斯馬克髭，そのほか矮鶏髭，貉髭，ありやなしやの幻の髭と濃くも淡くもいろ〳〵に生分る（漢字は新字体に，変体仮名は常用の仮名に改めた）

この文章には現代の我々からすると漢字が非常に多く使用されている．もし現代の表記法で書き直したら，和語の漢字表記はかなり減少するであろう．つまり現代では漢字表記のことばが減り，仮名表記のことばが増えてきたことになる．

図 5.1 は『東京日日新聞』(『毎日新聞』) を資料として明治時代から現代までの漢字含有率の変化を，また図 5.2 は同じ資料をもとに和語の仮名表記率の変化を見たものである．これらの図によると，明治時代から現代へと至るにし

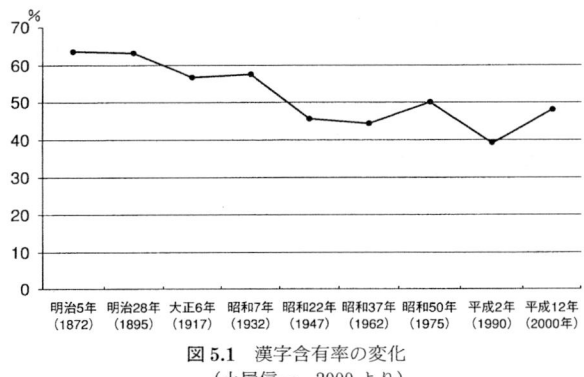

図 5.1 漢字含有率の変化
（土屋信一，2000 より）

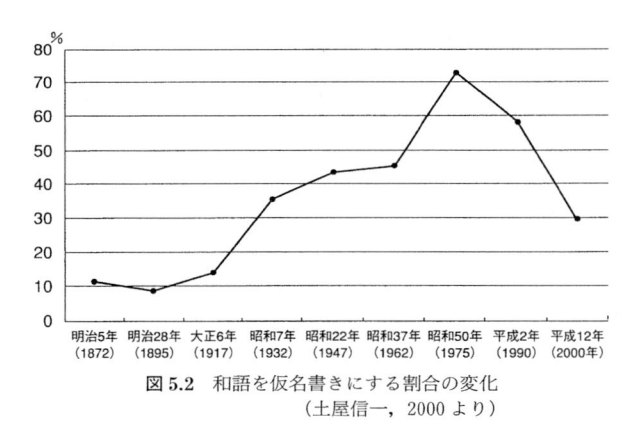

図 5.2 和語を仮名書きにする割合の変化
（土屋信一，2000 より）

たがい，漢字の含有率が低下してきている．その大きな原因は和語の仮名表記化が進んだことによる．

試みに，『浮雲』の初版本と現代の文庫本とによって漢字表記を比較してみる．文庫本は，現代の我々が近代の小説を簡便に読めるように，仮名遣いや表記に手が加えられている．どのような箇所が仮名表記になっているのか，また初版での和語の漢字表記の特徴はどのようなところにあるのか確認してみよう．

千早振る神無月ももはやあと二日の余波となった二十八日の午後三時ごろに，神田見附の内より，と渡る蟻，散る蜘蛛の子とうようよぞよぞよ沸き出でて来るの

1. 和語の漢字使用

は，いずれも頤(おとがい)を気にしたもう方々．しかしつらつら見てとくと点検すると，これにも種々種類のあるもので，まず髭(ひげ)から書き立てれば，口髭，頰髯(ほおひげ)，頤の鬚(あごのひげ)，やけに興起(おや)したナポレオン髭に，狆の口めいたビスマルク髭，そのほか矮鶏(ちゃぼ)髭，貉(むじな)髭，ありやなしやの幻の髭，濃くも淡(うす)くもいろいろに生え分かる．（岩波文庫版『浮雲』2001年第71刷）

　初版で漢字表記であったものが文庫本において平仮名表記になっているのは，副詞の「最早(もはや)」「跡(あと)」「孰(いづ)れ」「熟々(つらつら)」「篤(とく)と」「暴(やけ)に」，代名詞の「是(これ)」，接尾語的な「頃(ごろ)」，そして補助動詞の「給(たま)ふ」である．片仮名表記になっているのは，外国人の「拿破崙(なぽれをん)」「比斯馬克(びすまるく)」である．また「塗渡(とわた)る」の「塗(と)」が仮名表記されているのは「門渡る」のあて字であるという解釈によろう．これらは本節5項「漢字表記に関わる国語政策」で扱う第二次世界大戦後の国語政策によるものである．

　名詞や動詞については，文庫本でも原文を重視する立場から漢字表記のままにしているものが多い．しかし，そこには現代とは異なる漢字が使用されていることがある．「おとがい」は既に古語になっているが，「あご」を現在漢字で書こうとすれば「顎」である．当時の辞書（『言海』明治22-24年）でも見出しの漢字は現代と同じく「顎」となっている．しかし「頤」もその当時にはよく見られる表記であり，「顎」と「頤」とは「あご」の同訓異表記の関係にあった．「うすい」も「薄い」が一般的であるが，「ひげ」の場合は濃淡が問題となり，「淡(うす)い」は意味を重視した表記といえよう．同様に，「ひげ」に対する「髭」「髯」「鬚」の3表記は，くちひげの「髭」，ほおひげの「髯」，あごひげの「鬚」というように漢字本来の意味と合致しており，漢字によって「ひげ」の種類を明示している．

　その他に，和語の表記に漢語が利用されている箇所がある．現代では「名残」「様々」「生やす」といった表記が考えられるところに，「余波」「種々」「興起す」といった漢語があてられている．なお「矮鶏(ちゃぼ)」も漢語の利用であるが，「ちゃぼ」を漢字で書こうとすればこの表記が一般的であり，先の3語の場合とは異なり，慣用的な表記である．

　明治20年に刊行された『浮雲』の冒頭を例として取り上げたが，明治時代前期は現代と比べると，和語が漢字で表記されることが多く，その漢字使用に

おいても多種的であり複雑な表記方法が許容されていた時代である．

（2）漢字仮名交じり文における漢字使用

　明治時代は，江戸時代までの漢文体や仮名文体が一気に衰退し，漢字仮名交じり文体が一般的となる．江戸時代の漢字仮名交じり文の場合，ジャンルによってその漢字含有率は異なっていた．これは読者層の違いに基づくものであり，作品によって多少の違いはあるが，読本は高く，人情本，滑稽本，洒落本となるにしたがって低くなる傾向がある．

　明治時代前期の漢字仮名交じり文には，片仮名交じり文と，平仮名交じり文の2種類があった．片仮名交じり文は，主に啓蒙書に用いられ，漢語の使用が多く，振り仮名はあまり多くない．一方，平仮名交じり文は，主に通俗書に用いられ，総振り仮名であることが多く，漢語の使用はあまり多くないという特徴がある．明治20年代後半頃から徐々に平仮名交じり文に統一されていくが，『浮雲』に見られるように，以前の平仮名交じり文に比べ漢語が多くなり，また和語や外来語であっても漢語で表記する，いわゆる熟字表記が多用され，漢字で書けるものは漢字で書こうという方針であった．

（3）和語の複数表記

　「ひげ」に対して，『浮雲』では先に見たように「髭」「髯」「鬚」の3表記が使用されている．これは意味による漢字の使い分けである．和語を漢字で書くというのは和語の意味と漢字の意味とを対応させることであるが，日本語の語彙体系と中国語の語彙体系とは必ずしも一致しない．そこで和語の意味の方が広い場合には，一つの和語に対して複数の漢字が対応する，いわゆる同訓異字の現象が生じる．この「ひげ」の場合がそうであるし，漢字の書き分けがよく問題となる「はかる」に対する「計る」「測る」「量る」「図る」といった複数の漢字の対応は，漢字の意味よりも和語の方が広いことが原因となっている．逆に漢字の意味の方が広い場合には，複数の和語が一字の漢字に対応する，一字多訓の現象が生じる．「いく」と「おこなう」が「行」に，「ほそい」と「こまかい」が「細」に対応するような場合である．

　和語と漢字との対応は時代によって違いがある．日本語が漢字に出会い漢字

を使い始めた奈良時代や平安時代では，漢文脈において意味の適した和語をあてた．その結果漢字一字に多くの和訓が対応し，逆に和語一語に対し多くの漢字が対応することになった．しかし中世・近世と時代が下るにしたがい，漢字に特定な和訓が，和語に特定な漢字が対応するようになり，いわゆる常用訓（定訓）や常用の漢字が定着してくる．明治時代の辞書においても見出しの漢字表記は常用の漢字を示すという立場で編纂されているが，実際に漢字を使用するにあたっての取り立ての規定はなかった．したがって漢語の流行した特に明治時代前期には，漢字を衒学的に使用する意識が強くなり，一語に対して複数の漢字表記が使用された．これは一個人においても見られる現象であり，例えば尾崎紅葉の作品には「ゆるす」に対して「許」「容」「赦」「免」「釈」「可」「放」「聴」「恕」「允」の10もの表記が見られる．『金色夜叉・続編』では次のように，ゆるしを請う場面では「容」が，ゆるす場面では「赦」が用いられている．

　素より容してもらはうと思ひません　（お宮→勘一）
　赦したぞ！もう赦した　　　　　　　（勘一→お宮）

　小説家はこのように文意に合う適切な漢字を駆使しながら文章を執筆している．しかし全体的に眺めると，明確に漢字が使い分けられている場合もあれば，気ままに漢字を選んでいるように思われる場合もある．またその使い分けも漢字の厳密な意味に基づいているとは言い難い場合が多いようである．

(4) 和語の熟字表記

　『浮雲』に見られた「余波」「種々」などの和語に対する熟字表記は，明治時代前期の文章では多用されていた．現代の「常用漢字表」においても，「付表」の形として「いわゆる当て字や熟字訓など，主として一字一字の音訓として挙げにくいもの」として，「明日」「田舎」「五月雨」「七夕」「土産」など110語が掲出されている．この「付表」に示されているものは現代において慣用的なものと判断されたのである．しかし明治時代の作品に使用されている熟字表記には，その場その場の臨時的なものが多い．

旧時には通例御侍様が刀剣を買収時は刀剣商の店頭で抜刀て見て入ツしゃいましたが，（三遊亭円朝演述『牡丹燈籠』第 1 回明治 17 年）

　上の文章に使用されている熟字表記はほとんどが一時的なものであり，漢語の流行によって文脈に適した意味の近い漢語を使用しているのである．漢語による熟字表記は，和語の意味が広い場合には意味の限定や明確化を示す働きがある．

　このような和語に対する熟字表記は読みの立場から「熟字訓」と呼ばれるように，古くは漢籍の訓読によって生じたものである．漢字一字一字が和語に対応するのではなく，漢語自体が和語と対応している．熟字表記は既に『万葉集』に見られ，早い時期に固定化して慣用化しているものも少なくなく，古辞書などにも登載されている．特に「矮鶏」「雲雀」「梔子」「車前草」など鳥の名や植物名の漢字表記は，中国の学問の影響で漢語が用いられることが多い．

　明治時代前期の熟字表記の多用は，江戸時代前期の井原西鶴などの浮世草子や，後期の上田秋成の『雨月物語』や曲亭馬琴の『南総里見八犬伝』などの読本のスタイルを継承したものである．読本は中国の『水滸伝』や『三国志演義』などの白話小説の影響を受け，読本自体も近世中国語を使用している．漢語の流行した明治時代前期においては，和語に近世中国語や漢語をあてることが大変好まれた．

　和語の熟字表記は，現代においては「常用漢字表」の「付表」以外の表記はあまり使用されない．和語の熟字表記の衰退は，漢語流行の終焉と，振り仮名使用の減少とが原因であり，特に後者の影響が大きい．漢語の流行は明治 30 年代には廃れ，その頃までには必要な漢語の定着を見た．和語の熟字表記が許される背景には，振り仮名の使用が必要条件である．西鶴の作品などで熟字表記が自由に使用できたのは江戸時代になって一般化した整版印行（版本）によるところが大きい．漢字に付した振り仮名（傍訓）によってすべての読者に作者の読みを示すことが可能となった．したがって振り仮名が付されない場合，既に慣用的になっている表記は振り仮名がなくても問題はないが，臨時的な表記の場合は振り仮名が無いと，どの語の表記であるか判断がつかなくなってしまう．

振り仮名の減少は言文一致体の隆盛と大きく関わっている．二葉亭四迷の『浮雲』を嚆矢とする言文一致運動はようやく明治30年代に隆盛となり，明治40年頃には小説はほぼ言文一致体になった．言文一致は話しことばと書きことばとの接近を求め，文章においても簡素化が望まれ，振り仮名付きの熟字表記を使用することへの批判が生じるようになる．その結果振り仮名の必要性が減り，大正時代頃からぱらルビへと徐々に移行していく．

そのような状況において，昭和13年（1938）に山本有三が「振り仮名廃止」論を提唱したことにより，和語の熟字表記の衰退を決定づけた．図5.1で見たように，漢字の含有率が減少するのは明治時代後期から大正時代にかけてと昭和初期から昭和20年頃にかけてである．これは和語の熟字表記の衰退によるものと考えられる．

(5) 漢字表記に関わる国語政策

和語の仮名表記化を一気に促進したのは，昭和21年（1946）11月に内閣告示された「当用漢字表」である．日本語の近代化を目指すために明治時代以降常に漢字制限の試みが計画されてきた．しかし明治33年（1900）に施行された小学校における教育漢字や，大正12年（1923）に制定された「常用漢字表」を新聞業界が大正14年に採用したのを除いて，なかなか実行の機会がなかった．一般の人々が直接的に関わるものとして施行されたのは，この「当用漢字表」が初めてである．

「当用漢字表」の「まえがき」の第一項には次のように記されており，この表は日常使用できる漢字を制限するものであり，その字数は1850字とされた．

　一，この表は，法令・公用文書・新聞・雑誌および一般社会で，使用する漢字の
　　　範囲を示したものである．

さらに「当用漢字表」には「使用上の注意事項」として次の8項目が挙げられているように，単に漢字の字数制限だけではなく，当用漢字の使用できる範囲をも限定している．

　イ，この表の漢字で書きあらわせないことばは，別のことばにかえるか，また

は，かな書きにする．
ロ，代名詞・副詞・接続詞・感動詞・助詞は，なるべくかな表記にする．
ハ，外国（中華民国を除く）の地名・人名は，かな表記にする．ただし，「米国」「英米」等の用例は，従来の慣習に従ってもさしつかえない．
ニ，外来語は，かな書きにする．
ホ，動植物の名称は，かな書きにする．
ヘ，あて字は，かな書きにする．
ト，ふりがなは，原則として使わない．
チ，専門用語については，この表を基準として，整理することが望ましい．

「当用漢字表」は，漢字表記を減らし仮名表記を増やすことが目的であった．昭和23年（1948）2月には，この表を補完する「当用漢字音訓表」が告示される．この表は漢字の読み方を規制するものであり，同訓異字の整理が行われた．そこでは，一語の和語に対して漢字一字だけが対応するような方針が採られている．例えば「みる」に対し「見る」だけを認め，他の「視」「観」「覧」「看」などは認めない．同様に「おもう」に対し「思う」だけを認め，他の「念」「想」「懐」「憶」などを認めないというものである．しかし例外として「はかる」に対して「測」「計」「量」「図」，「かえる」に対して「換」「替」という複数対応するものが残った．

このような「当用漢字表」に関連する一連の国語政策に対して，人々は国語の表現を束縛され表記を不自然なものにしているという意識を強く持つようになる．そこでこの規制的な性格に対する反省から，国語審議会において検討が行われ，昭和56年（1981）10月に新たに「常用漢字表」が告示され，95字の漢字とその音訓を追加し，字数は1945字になった．この表の「前書き」には次のようにある．

1　この表は，法令，公用文書，新聞，雑誌，放送など，一般の社会生活において，現代の国語を書き表す場合の漢字使用の目安を示すものである．

「当用漢字表」で示された「範囲」から，「常用漢字表」では「目安」へと変わり，漢字の使用に対しかなり緩やかなものとなり，日常生活では「当用漢字表」以外の漢字も使用できるようになった．

図 5.2 に見られるように，昭和 50 年（1975）頃をピークとした和語の仮名表記の傾向も次第に減少し始める．更にワープロの普及により，漢字変換を容易にし，手書きなら用いない漢字を無理に使用するようになり，和語の漢字表記が再び増大してきている．

2. 漢語の漢字使用

(1) 漢語の複数表記

漢語というと，中国語出自であることによって表記も安定していると思われている．しかし実際には，和製の漢語もあるし，表記に関しても交替が起こっている．また一語に対して複数の表記（意見・異見，親切・深切など）が使用されてきたし，現代でも使用されている語が多く，国語辞典の見出し漢字表記として複数の表記が挙っている語も少なくない．

『現代表記のゆれ』（国立国語研究所）では，実社会で 2 表記が併存している語をとりあげ，併存する理由によって次の 4 分類が試みられている．

1) 意味の違いによる書き分けが主たる理由と考えられるもの．
   例　同志―同士　生長―成長　基準―規準
2) 二通りの表記形式の一方が漢字の制限や漢字の音訓制限などの漢字政策とかかわりがあり，それが影響していると考えられるもの．
   例　衣裳―衣装　年齢―年令　遵法―順法　附録―付録
3) 二通りの一方は誤りとされるのが一般的であるが，実社会において誤りがよく使われるために，二通りが存在すると考えられるもの．
   例　応対―応待　温厚―温好　難航―難行
4) 個人の書きぐせによる表記の違いがあるためと考えられるもの．
   例　年配―年輩　定年―停年　一応――一往　十分―充分

複数表記には，辞書において別の見出し語，すなわち別語として扱われているものや，併用表記になっているものなど様々な段階がある．1) に分類されるものは，漢字が異なっているから意味の違いがあるように見えるが，両者の意味の差異は微妙であり，実際には意味の違いのない異語的同語である場合が

多い．2）は国語政策により新しい表記（「代用表記」）が作られたのであるが，国語政策の変更が行われ古い表記も使用できるようになり，その結果併用されるようになった．3）は右の表記はまだ誤字の段階であり辞書には登載されていないが，使用する人が多くなれば近い将来定着する可能性がある．4）は現代という共時的な立場からは明確な理由がわからず個人的な好みとして解釈されている．ただし通時的に眺めると，複数表記の原因は誤字の定着や異なる語の同語化などが考えられる．

特に意味変化によって語源が不明になった場合や，新しく造語された語である場合などは，意味をも考慮した複数の新しい表記が生み出されることがある．

(2) 表記の交替

複数表記の使用には，古い表記と新しい表記の併用による場合がある．古いことばから新しいことばへの交替は一瞬にして行われるのではない．必ず併用期間が存在する．これは表記についても言えることである．

明治時代前期には「政事」と「政治」とが併用されていた．ともに中国古典語に見られる漢語である．明治10年代後半から明治20年代にかけて，明治23年の国会開設に向けて，政治小説というジャンルが流行した．「政事」は古くからの表記であり，一方の「政治」は幕末頃からの新しい表記である．以前の「政事」とは異なる新しい制度を目指して「政治」を使用し始めた．明治19年に刊行された末広鉄腸の『雪中梅』の初版にはまだ「政事」が多く見られるが，明治23年の訂正増補版になると，「政事」の箇所が「政治」に改められていることが多く，「政治」が定着していく様子が窺われる．

- 英仏政事哲学の説は一時の人心を支配し遂に我が政事上の議論は概ね想像に出で（初版第2回）
- 英仏政治哲学の説は一時の人心を支配し遂に我が政治上の議論は丸で空想となり（訂正増補版）

「気象」と「気性」とは現在別語として扱われることが多いが，明治時代前期では同じ語の異表記関係にあった．両者ともに中国古典語に見られる漢語で

ある.「気象」は『古事記』に既にその使用があり,広く〈気の状態〉を指す語であった.江戸時代になると,〈人の性格〉を表す用法が多くなり「気性」が使用されるようになる.明治時代になり,meteorology（気象学）が西洋から流入され「気象」が〈天候〉の意味に限定される.そのことによって〈人の性格〉の場合には「気性」の使用が多くなる.夏目漱石は「気象」と「気性」とを併用しているが,次の文章に見られる二つの表記は二人の人物の性格の違いを表現するために利用したと思われる.複数の表記が併用されていたからこそ,このような表記の遊びが可能であった.

あの一図な所はよく嫂の気性を受け継いでいる.然し兄の子丈あつて,一図なうちに,何処か逼らない鷹揚な気象がある.（『それから』11 明治43年）

(3) 漢語と漢語,漢語と和語との同一表記

漢字には,呉音・漢音・唐宋音・慣用音といった字音がある.またその他に和訓が存在する.したがって,「利益」が「りえき」と「りやく」,「分別」が「ふんべつ」と「ぶんべつ」といった異なる漢語の表記に使われたり,「牧場」が「まきば」と「ぼくじょう」,「目下」が「めした」と「もっか」といった和語と漢語の表記として利用されたりする.しかし意味の異なる語が同じ表記を使用すると混乱が生じ,一方が表記を変えることがある.

「不便」は,明治時代前期においては,〈かわいそうだ〉の意味の「ふびん」と,〈都合が悪い〉の意味の「ふべん」の二語の表記として使用されていた.

・どうぞ二人のものを不便と思召て彼のお札を剝して下さいまし.（『牡丹燈籠』第10回）
・是また演劇の小説稗史に劣る所以の不便にしてすなはち第三の不利なりけり.
（坪内逍遙『小説神髄』上 明治19年）

「ふびん」は古い語であり,一方の「ふべん」は江戸時代後期頃から使用されるようになった新しい語である.同一表記の混乱を避けるために「ふびん」は「不憫」へと表記を変えた.ただしこの表記は意味的に見ると,意味がまったく逆になってしまう.「ふびん」という音に合致する表記を早急に求めたことによる.

頼み少ない私しの身を不憫と思つて下さいまし（『欧洲雪中梅』上篇7回）

「目標」は「めじるし」の漢字表記を音読して成立した和製漢語である．このような和語の漢字表記を音読して成立した和製漢語は多く，「心配」「返事」「大根」などが有名である．和製漢語の成立時には和語と漢語の表記としての併用が見られる．

- 曙町へ曲がると大きな松がある．此松を目標に来いと教はつた．（夏目漱石『三四郎』10　明治42年）
- 全校の題目となり，目標となり，唱歌となり居るのを御覧になりましよう．（国木田独歩『日の出』明治39年）

「目標」は，明治時代には「もくひょう」よりも「めじるし」の漢字表記として一般的であった．なお「目標」が定着すると，「めじるし」は「目印」へと表記を変えた．

(4) 表記のための別の漢語の利用

漢語でありながら，和語の熟字表記と同じように，別の漢語を表記として利用している場合がある．これは和語のところでも述べたが，江戸時代後期に読本などで近世中国語を使用したことによる．表記としての近世中国語の使用は，明治時代に入っても20年頃までの小説に行われている．特に「一伍一什（一五一十）」や「嫖致（標致）」などはよく使用されていた．

- 飯島家にては忠義の孝助がお国と源次郎の奸策の一伍一什を窃聞致しまして，（『怪談牡丹燈籠』7回）
- 此令室のお属の人にお国と申す婢女が御座いまして嫖致人並に勝れ，（『怪談牡丹燈籠』2回）

『怪談牡丹燈籠』では，「器量」は〈才能・能力〉の意味を，「嫖致」は〈容貌〉の意味を表しており，意味による表記の使い分けがなされている．近世中国語の使用の衰退した明治20年以降は，〈容貌〉の意味の場合，「容貌」や「容色」といった漢語が表記として使用されるようになる．

- 殊に容貌の美いことは非常の者でした．（若松賤子訳『小公子』2　明治24年）
- 少しポツトした容色好の幼顔と，毛革の上とに，フサ〳〵と乱脈に散広がつてゐた髪の毛は，（『小公子』4）

特にこのような多義的な語の場合には，和語における熟字表記と同じく，意味を明確にするために別の漢語が表記として利用される．例えば「じょうぶ」の場合，意味によって「健康」や「堅古」といった表記が見られる．

- どうか私が本懐を遂げ帰宅致すまで御健康に御出あそばせよ．（『緒牡丹燈籠』15回）
- 此の監獄は中々堅古だから手がつけられねエ．（『永聚雪中梅』上篇6回）

(5) 同音表記確立の必要性

　漢語は，字音語とも言われるように，漢字の字音からなる語である．漢語が漢語であるためには，表記は字音表記であることが必要である．そのような点からいえば，「土圭」から「時計」へ，「越度」から「落度」へと表記を変えた「とけい」や「おちど」はもはや漢語とはいえないであろう．
　「不便」のような「不便」との表記の衝突において，その語が存立し続けるためにフビンという同音の字音表記「不憫」「不愍」が求められた．また多義的な漢語のある特定の意味が独立して別の語となるためにも同音表記が必要なのである．「気象」から「気性」のように字音表記を漢籍から探したり，「用捨」から「容赦」，「進退」から「身代」のように，字音表記を新しく作り出さなければならなかった．しかし，表記として意味の合致する漢語が利用されると，字音表記の定着を遅らせることになる．
　「普段」は〈絶え間ない〉の意の「不断」から派生的な〈いつも〉という意味が独立したものである．「普段」が確立するまでは「平常」「平生」「平素」といった意味を示す多くの漢語が表記として用いられていた．これらは〈絶え間ない〉という意味の「不断」と区別することを目的としていた．「普段」は明治20年頃から使用され始めるが，昭和初期頃までは多くの表記が使用されていた．

- 普段は温和の性質にて物数云はぬ女なれども（『歌舞花間鶯』中・11回　明治20

年）
- 筒袖の，平常着ていたゆかたで彼の一番眼に慣れた着物だった．（梶井基次郎『城のある町にて』雨　昭和6年）
- 平生なら此方から誘つても行つて貰ひたいんだが，（夏目漱石『彼岸過迄』松本の話―8　大正元年）
- 平素から芸人に似合はない一本気な我儘なお世辞のない瀬川のこと，（永井荷風『腕くらべ』18　大正6年）

「じょうだん」は，江戸時代初期頃から見え始める語であるが，仮名遣いもはっきりせず，表記も仮名表記であり，漢語とはいえない語である．この語の表記の多さは有名であり，明治時代には，「冗談」の他に，「戯談」「戯言」「戯語」「戯譃」「戯譃」「戯嘘」「串談」「串戯」「調戯」「悪戯」「諧謔」「譃語」「譃談」「雑談」といった意味的な漢語や近世中国語，「笑談」「常談」「情談」といった字音的表記が見られる．「冗談」は明治20年頃から使用されるが，例えば島崎藤村の作品には「戯言」「戯語」「戯談」「譃語」「串談」は見られるが，「冗談」の使用はない．

- 女はムツトせしが左あらぬ体にて「御冗談」なさいますなお手に膿が付きますと田舎者を押し退け乍ら，（『政事花間鶯』下篇第4回　明治21年）
- 「いや，戯言じやない」と銀之助は丑松の顔を熟視つた．（島崎藤村『破戒』3　明治39年）
- 君真実かい―戯語じや無いのかい―また欺ぐんだらう．（『破戒』6）
- 先生自身がリップ，ヴァン，ヰンクルであるかのやうな戯談を聞くこともある．（『千曲川のスケッチ』4　大正元年）
- こんな譃語を市川が言つた時に，（『春』34　明治41年）
- こんな串談を言いながら長い廊下を通る人が有つた．（『家』上　明治43年）

泉鏡花の作品にも「串戯」「串談」「戯語」「戯譃」「戯談」「冗談」が，また二葉亭四迷にも「情談」「戯談」「戯言」「串戯」の使用があるように，当時の作家は多くの表記を用いながら小説を書いている．このような多くの漢語や近世中国語を表記として利用したのは，「じょうだん」に対して適切な表記がないという意識による．つまり「冗談」を意味的に適した表記として認めなかったのである．

しかし和語の熟字表記の項で述べたように，振り仮名使用が減少する大正時代頃から，表記として別の漢語の利用は困難となった．そのことにより，字音表記である「普段」や「冗談」が定着し始め，別の語として，また漢語として独立できたのである．

(6) 漢語の表記に関わる国語政策

昭和21年に内閣告示された「当用漢字表」は漢字の数に制限を設けたために，多くの漢字が表外漢字となり，その使用が認められなくなった．先に挙げた「当用漢字表」の「使用上の注意事項」のイには，次のように記されている．

イ，この表の漢字で書きあらわせないことばは，別のことばにかえるか，または，かな書きにする．

この注意によって，表外漢字を含む漢語は，「捺印」→「押印」「聡明」→「賢明」のように別のことばにかえるか，あるいは仮名書きにする方針が採られた．また一字だけ表外漢字の場合には，「洗たく」「ざ折」のように漢字と仮名との交ぜ書き表記が行われるようになった．

この表の審議にあたって「同じ音で意味の近いものは一方を省く」という選定方針に基づき，表記に変更が求められた語がある．表外漢字を当用漢字に代えたのである．国語審議会は表外漢字を含む漢語を一語一語検討して，昭和31年に「同音の漢字による書きかえ」のことば約300語を選定した．それは次のようなものである．

暗誦→暗唱	意嚮→意向	穎才→英才	臆測→憶測	廻転→回転
潰滅→壊滅	挌闘→格闘	劃然→画然	管絃楽→管弦楽	坐視→座視
稀薄→希薄	兇暴→凶暴	技倆→技量	交叉→交差	死歿→死没
蒐集→収集	障碍→障害	抒情→叙情	試煉→試練	絶讃→絶賛
綜合→総合	煖房→暖房	智能→知能	叮寧→丁寧	叛乱→反乱
編輯→編集	無慾→無欲	熔岩→溶岩	諒解→了解	聯合→連合

書きかえの表記の多くが定着し，現在では不自然さを感じなくなった．ただ

し昭和 56 年の「常用漢字表」の告示により，漢字の使用が緩やかになり，表外漢字の使用も許容された．その結果，両表記が併用されるようになったものもある．また仮名と漢字の交ぜ書きは現在ではあまり見られなくなった．

「常用漢字表」は，「前書き」の 2 に「この表は，科学，技術，芸術その他の各種専門分野や個々人の表記にまで及ぼそうとするものではない」とあるように，個人の漢字使用にまでは立ち入らない．したがって「常用漢字表」の漢字と表外漢字との区別を厳密に意識している人は多くはなく，またワープロソフトにおいても表外漢字も自由に使えることにより，漢字の使用が制限されているという意識がなくなってきている．

和語や漢語に限らず，漢字自体の大きな問題として，国語政策による字体の変更がある．昭和 24 年（1949）に告示された「当用漢字字体表」によって，当用漢字 1850 字の約 28% の 521 字の字体が変更された．いわゆる新字体の採用である．

區→区　賣→売　眞→真　壽→寿　國→国　狹→狭　單→単

この字体の変更は，「当用漢字表」さらにそれを発展させた「常用漢字表」内に限られ，表外漢字には適用されなかった．昭和 58 年（1983）の JIS 規格の改正による字体の変更が行われ，一部表外漢字にも「当用漢字字体表」のシステムを応用し，鷗→鴎，瀆→涜，顚→顛，禱→祷，摑→掴，頰→頬，蟬→蝉などの略字体が採用され，左側の字がワープロなどで打ち出せない状況となり，一般の書籍類とワープロ字体との不整合が生じた．そこで，印刷文字における標準とすべき字体として，平成 12 年（2000）12 月に第 22 期国語審議会が文部大臣に「表外漢字字体表」を答申し，鴎，撹，祷，曽などが簡易慣用字体として認められた．

6. 辞書の現代

1. 辞書の歴史

(1) 辞書の種類

辞書は，一定の基準で集められた語彙項目に解説を加えて検索し易いように一定順序に配列したものの総称である．現在，私たちが目にする日本の辞書を内容から分類すると次のようになる．

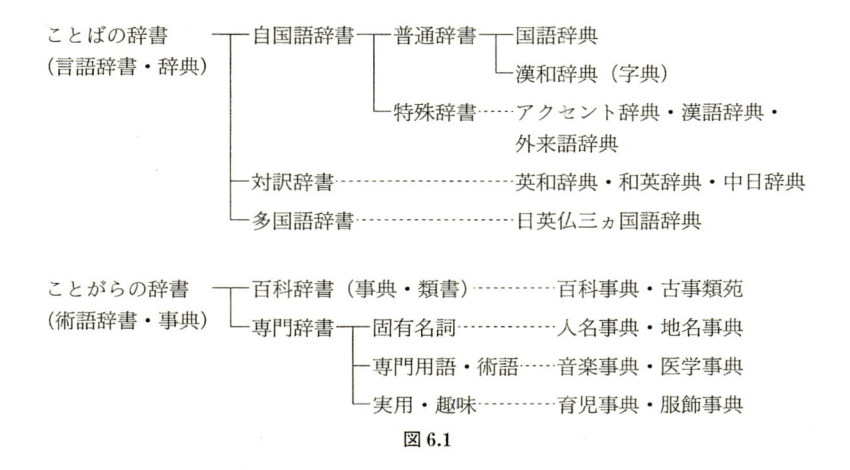

```
ことばの辞書 ─┬─ 自国語辞書 ─┬─ 普通辞書 ─┬─ 国語辞典
(言語辞書・辞典)│            │          └─ 漢和辞典（字典）
              │            └─ 特殊辞書 ……アクセント辞典・漢語辞典・
              │                          外来語辞典
              ├─ 対訳辞書 ……………………… 英和辞典・和英辞典・中日辞典
              └─ 多国語辞書 …………………… 日英仏三ヵ国語辞典

ことがらの辞書 ─┬─ 百科辞書（事典・類書）……… 百科事典・古事類苑
(術語辞書・事典)└─ 専門辞書 ─┬─ 固有名詞 ………… 人名事典・地名事典
                          ├─ 専門用語・術語 …… 音楽事典・医学事典
                          └─ 実用・趣味 ……… 育児事典・服飾事典
```
図 6.1

このうち，日本語を日本語で説明する，いわゆる国語辞典は比較的最近になって出現した．国語辞典は，明治から現代に至る日本語の実態を知るための重

要な資料として，語学研究に欠くことのできないものといえる．国語辞典の歴史を概観する前に，まず，近代的な国語辞典が出現するまでの状況を見て行くことにしよう．

(2) 近世の諸辞書
近世（江戸期）の辞書の世界には次のような動きがあった．
1) 印刷文化の隆盛に伴って辞書が大衆化し，一般の人が利用する道が開かれた．ことに，「節用集」群に多様な出版が見られた．
2) 国学者による国語研究の進展に伴って語の雅俗意識が普遍化し，雅語俗語対照の辞書が多く作られた．
3) 古語・雅語の集録編集からなる国語辞典が出現した．
4) 語源辞書・歌語辞書・方言辞書・本草学の辞書などの各種の専門化した特殊辞書が盛んに作られ，さらに，図版を付した百科事典的性格の辞書が出現した．
5) 近世中国語（白話）と日本語，欧語と日本語の各対訳辞書が数多く作られた．

このうち，現在の国語辞典に最も大きな影響を与えたものは3)の国語辞典の出現であり，代表的なものとして『倭訓栞（わくんのしおり）』『雅言集覧（がげんしゅうらん）』『俚言集覧（りげんしゅうらん）』の三書がある．

『倭訓栞』
谷川士清（たにかわことすが）（宝永6年-安永5年〈1709-76〉）著．前中後の三編からなる．全93巻82冊．前編は安永6年（1777）〜天保元年（1830）に，中編は文久2年（1862）に，後編は明治20年（1887）にそれぞれ刊行された．一般に流布しているのは井上頼圀（よりくに）と小杉榲邨（すぎむら）の増補改訂した『䌷繹倭訓栞』（3巻）である．ただし後編はない．収録語彙を五十音順に配列した国語辞典．古語・雅語・俗語・外来語・方言・地名・動植物名などをあげ，その解説，用例を示している．近代的な体裁と内容を備えており，国語辞典と呼ぶに相応しい最初の辞書といえる．

『雅言集覧』
石川雅望（いしかわまさもち）（宝暦3年-文政13年〈1753-1830〉）著．「い」〜「か」6冊は文政9年（1826）刊，「よ」〜「な」3冊は嘉永2年（1849）刊，以下未刊，写本で伝わる．

中島広足(ひろたり)が増補した『增補雅言集覧』は,明治20年(1887)刊57冊,明治36・37年(1903・1904)刊3冊,昭和43年(1968)再刊(木下正俊・久山善正共編の索引付).

平安時代の仮名文学書を中心に『古事記』『日本書紀』『万葉集』『今昔物語集』および『文選』をはじめとする漢籍の古訓などからも語彙を集めて,いろは順に配列する.歌文や擬古文を作る際の規範を示すのを目的とし,そのため用例中心で,語釈は簡略で国語辞書というより古語用例集というべきものである.広く古語を収集し,その用例・出典を示している点は,現代でも古語研究の上で大きな役割を果たしている.

『俚言集覧』

太田全斎(おおたぜんさい)(寛延2年-文政12年〈1749-1829〉)著.成立年時は未詳で26巻からなる.長く写本で伝えられ,明治32年(1899)から同33年(1900)にかけて井上頼圀と近藤瓶城が五十音に配列し直し,説明に増補をし,さらに,「江戸の小説語,仏典の語,方言,鉱物の異名」にも目を向けて『增補俚言集覧』(3巻)として刊行し,一般にはこの書が利用される.昭和45年(1970)に複製本も出版された.俗語,俚諺(りげん)を広く集めて解説し,時に考証を加える国語辞典で,江戸時代の口語研究書としても価値が高い.

(3) 漢語辞書の出現

江戸時代,庶民のために『節用集』があり,有識者階級のために『和玉篇』(わごくへん)類の単字字書があった.しかし,近世のこれらの辞書は,文明開化の明治の新社会で大量に製造,使用された漢語の読解には役立つものとはいえなかった.そこで,布令,布告,日誌,新聞に見られる漢字・漢語の読解使用のための新たな漢語辞書が作り出されることとなった.明治期の辞書の世界で最初に問題となるのは,この漢語辞書の出現である.

慶応4年(1868)2月に新政府が誕生すると間もなく漢語辞書と呼び得る辞書が出現した.『内外新報字類』がそれである.松井利彦の『近代漢語の成立と展開』によると,同辞書の刊行は慶応4年5月の初旬,中旬のいずれかの時期になされたものと考えられる.著者は不明.掲出語は170語.このうち漢語は117語,和語29語,固有名詞が24語である.『内外新報』という新聞の第1号から第4号までの文章中に見られる難字・難語を出現順に見出しとして立

て，通例掲出語の下に読みと意味を記すという体裁になっており，新聞用語読解のための辞書（新聞用語辞典）として位置付けられるものである．記述内容の実例を示すと次の如くである．

　調練てうれん　海軍先鋒かいぐんせんぽうふねいくさのさきて　笹龍膽さゝりんどう　麾ざい　金襴袴きんらんのはかま　相携あいたづさへ　隊長たいてうくみがしら

　この『内外新報字類』刊行以降，陸続として漢語辞書が刊行されたが，そのうち代表的な辞書として『新令字解しんれいじかい』と『漢語字類』の二書を挙げることができる．

『新令字解』
荻田嘯編著．慶応4年（1868）6月刊．本文24丁．明治維新以後の販売された最初の漢語辞書．辞書の体裁という点で後の漢語辞書に大きな影響を与えた．掲出語は904語と少ない．日誌，新聞以外に建白書，歎願書等に見られる漢語を集めて，いろは順に配列して読みと意味を記した辞書．現代漢語辞典，時事用語辞典的な性格を存している．

『漢語字類』
庄原和（謙吉）編著．明治2年（1869）1月刊．143丁．掲出語は4340語で，ほとんどが漢語．配列は漢語の頭字の部首順にほぼ従っており，語釈は片仮名で記されている．なお，語義記述に際して「務メテ世俗ノ通語」や「東京ノ方言」を用いて「専ラ時俗ニ通シ易キ」ように心懸けたと述べている．意味記述や掲出語の分量という点から画期的な漢語辞書といえる．

　明治期初頭に出現した漢語辞書は，現実に使用されていた，いわゆる生きた言葉の辞書という性格を色濃く反映したものといえる．しかし，この種の辞書の対象となっていた漢語そのものが次第に日常語化し，いわゆる普通語の中に取り込まれるようになってくると，漢語辞書はその使命を果たし，以後は普通語を収める近代的な国語辞典にその役割を移譲することになるのである．

(4) 近代国語辞典の誕生
　近代的な国語辞典が出現する以前の辞書の世界とはどのようなものだったろうか．山田忠雄は，この問題に対して『近代国語辞書の歩み―その模倣と創意

と一』の中で，江戸末から明治初期にかけての辞書界には，節用集の再摺（さいずり）と近代化，漢語辞書の盛行，雅俗対照辞書の残存という三つの流れが存していたと述べている．

　国語辞典の創出は，このうちの雅語・俗語辞書の影響によるところが大きいと考えられる．即ち，『倭訓栞』『雅言集覧』『俚言集覧』を代表とする雅語・俗語辞書の存在があってはじめて我が国最初の普通語辞書（国語辞典）『官版語彙』が現出し得たのである．

『官版（かんぱんご い）語彙』
木村正辞（きむらまさこと）・横山由清（よこやまよしきよ）総裁・岡本保孝（おかもとやすたか）・小中村清矩（こなかむらきよのり）・榊原芳野（さかきばらよしの）・黒川真頼（くろかわまより）・間宮永好（まみやながよし）・塙忠韶（はなわただつぐ）編著．伊藤清民（いとうきよたみ）・田中芳男（たなかよしお）物産品校正．阿之部5冊明治4年（1871）11月刊，伊之部5冊，宇之部2冊明治14年（1881）5月刊，衣之部1冊明治17年（1884）7月刊．以降は未刊．雅語を中心に俗語，方言，漢語なども収録．7596語を所収．

　明治政府は近代化政策の一環として明治2年（1869）には『語箋』（ごせん），同5年（1872）には『新撰字書』（しんせんじしょ），英和辞書，同8年（1875）には日本辞書編集を命じるといった具合に明治初頭に活発な辞書編集の計画を推進した．

　このような動きの中で官撰の国語辞典『語彙』が世に送り出された．明治4年（1871）の編集着手から同17年（1884）までの14年間で刊行されたのは阿之部から衣之部までの13冊で，未刊ではあったが，『語彙』の誕生は，それまでの雅語・俗語辞書とは異なる，近代的な国語辞典の現出をもたらすことになった．

　『語彙』を近代的な国語辞典と見なすことができるのは次の事実が認められるためである．
1) 見出し項目の選択基準を古今雅俗の言語及び漢語，西洋語を対象として固有名詞は除外するという普通語辞書として妥当な見解が「凡例」に記されている．
2) 見出し項目の五十音順配列の徹底を企図している．
3) 近代的辞書編纂法を指向し，今日の国語辞典の記述様式の雛型ともいうべき記述法を案出している．

『語彙』の記述体裁は次の如きものである．即ち，まず見出し項目を大字一行書き（見出し語形の区切りを示さない）して動詞派生語は一字下げで中字書きし，異形は小書き傍示するという方式で掲出する．次に見出し直下に語の種別を㋖㋥㋘㋨と示し，活用語は活用語尾を示し，異形の類義語の存する場合には小圏○を以て小字で掲出する．さらに，従前の辞書には見られなかった本格的な語釈を中字で双行に記す．語釈の後には四角い枠の中に書名を記して出典を引用する．出典の記されていないものは語釈の直ぐ後に圏○を置いて通用の漢字漢名を記す．さらに，用法の注記を必要とする場合には最後に圏○を置いて解説を記すといった具合に組織的な記述様式を案出している．

　このうち，語義記述方式は，従前の雅語・俗語辞書の多くが，目に付いた用法を並べて，ある特定の意味を簡略に記すのに止まっていたのに対して，『語彙』は，幾つかある意味の全体を説こうとする体系的な記述法を目指した．

　ただし，現存の出版原稿浄書本を見ると『語彙』には編集当初，古語用例集ともいうべき雅語辞書『雅言集覧』の語義記述を基にして語釈が形作られている項目が数多く存しており，さらに『倭訓栞』の語義記述との関連が想定される項目も相当数存していることからすると，『語彙』の語釈方法が全くの独創であるとは認め難い．

　『語彙』は，このように雅語・俗語辞書の影響を受けて誕生したのであるが，草稿段階で既に西洋の辞書編纂法からすると辞書の体裁をなしていないと文部省内で問題視され，編集母胎である大学の廃止により編集が中途で打ち切られ，以後官製国語辞典の編集事業が現出しない機縁となったのは不幸といわざるを得ない．

　『語彙』が近代的国語辞典に止まり，近代国語辞典になり得なかった原因は次の点にある．
1) 見出し項目の五十音順配列が徹底していない．
2) 古語，雅語，俗語，普通語等の区別が判然とせず，位相の指示が不十分である．
3) 語種に関する情報は，㋥㋖㋘㋨の表示のみで，詳細な記述がなされていない．
4) 漢語は単に常用語のうち字音に基づくものを収録するに止まり，洋語の

収録項目に至っては4語のみと問題にならない少なさである．
5) 見出し項目の品詞表示がなされていない．
6) 語源に関する注記が殆ど見られない．
7) 出典・用例の記載が俗語に関しては全く考慮されていない．
8) 辞書使用者に対する十分な使用の手引きが見られない．

要するに，『語彙』は雅語・俗語辞書の域を超えて国語辞典になり得ているとはいうものの，古語辞書的な性格を払拭することができず，近代国語辞典と呼ぶには未成熟な段階に止まっているといわざるを得ない．

『語彙』の刊行途上，一群の雅語辞書（国語辞典）が世に送り出された．主要なものは次の四書である．

『ことばのその』

近藤真琴（天保2年-明治19年〈1831-86〉）著．明治18年（1885）9月刊．6冊665丁．分かち書きによる雅語辞書の嚆矢で，日本の辞書として初めてすべての語に品詞名を独得の様式で付し，語釈に近代性がみられる．配列は五十音順で14150語所収．

『ことばのはやし日本大辞典』

物集高見（弘化4年-昭和3年〈1847-1928〉）編著．明治21年（1888）7月刊．最初は仮製本4分冊で刊行か．明治11年（1878）の『日本小辞典』の改訂増補本．五十音順で24307語所収．ひらがな見出しの次に品詞名を略語で記し，次に漢字と文語で分かち書きによる語釈を付し，古書に見える用例とその書名を略記する．日本古来の国書解読用の語彙を網羅した辞書．

『漢英対照 いろは辞典』

高橋五郎（安政3年-昭和10年〈1856-1935〉）著．明治21年（1888）5月刊．最初は仮製本5分冊で，刊行開始は明治20年（1887）12月，完成と同時に1冊本も出た．1185頁．西洋辞書の体裁にならって，いろは順の日本語に説明を付し，漢語と英語のこれに相当する類語を多く列記したもの．現代語を中心に漢語や動植物名，姓氏，地名などを載せ，実用性を追求して図版や英訳を掲載し，見出しにも工夫を凝らした画期的辞書．見出しは約56000語を収録．

『和漢雅俗いろは辞典』

高橋五郎著．明治21年（1888）12月～同22年（1889）2月刊．3冊および合本1

冊．同じ著者の『漢英対照いろは辞典』の英語部分を省き，一般的でない語を削る一方，新たに3000語を補充し，見出しは約58000語を収録．平仮名表記の日本語を見出しとし，品詞と漢字表記を示し，注釈を加え，いろは順に配列した日本最初の国語辞典で，近代国語辞書の先駆けとなった．

　この四書はいずれも近代的な国語辞典を志向したものだが，近代国語辞典と呼ぶには不十分であり，初めて近代国語辞典を具現化した『言海』とは明らかに質を異にしている．

　『語彙』の遅々として進まない編集状況から文部省は明治8年（1875），大槻文彦と榊原芳野の両名に日本辞書の編集を命じた．我が国初の近代国語辞典『言海』は，この官命を始源として文彦の単独編集によって成立した．稿本は明治19年（1886）に完成したものの，文部省内に放置されたままで，同21年（1888）に自費刊行を条件として下賜され，同22年（1889）から24年（1891）の間に私版として発行された．

『日本辞書　言海』〔別名『ことばのうみ』〕

　大槻文彦（弘化4年-昭和3年〈1847-1928〉）著．4冊．合本1冊．再版以後1冊．第1冊（あ〜お）明治22年3月刊．第2冊（か〜さ）同年10月刊．第3冊（し〜ち）同23年5月刊．第4冊（つ〜を）同24年4月刊．収録項目数は39412．和語，漢語，外来語にわたり一般語彙を収め，五十音順に配列する．明治における「日本普通語」の辞書として最も整備されたものであり，以後の国語辞典の範となった．

　『言海』が最初の近代国語辞典と位置付けられる理由は，「日本普通語ノ辞書」の編集のために必要な5事項を挙げて近代的辞書編纂法を具現化したことにある．

　①発音 Pronunciation,
　②語別 Parts of speech,
　③語原 Derivation,
　④語釈 Definition,
　⑤出典 Reference.
　これは，"Webster's Royal Octavo Dictionary" や，ヘボンの『和英語林集

成』に因る．

　なかでも，最大の障害となっていた文法の制定に文彦が腐心し，独自の文法論を構築してその規定に基づいて各見出しに品詞，活用等の文法的記述を与えることに精力を費したことは，近代国語辞典現出に至る産みの苦しみの象徴的な事柄と言え，この成果が『言海』第一冊巻頭の「語法指南（日本文典摘録）」である．

　そもそも，近代国語辞典とは近代的辞書編纂法による普通語の言語辞書である．普通語言語辞書とは固有名詞や学術専門語を所収しない点で特殊専門辞典と，見出しの配列が部門類別に依らず形体順（五十音順等）に依る点で百科事典と各々区別される．

　文彦は，あくまでも普通語辞書の編集に終始した．即ち，日常一般語を収録対象として見出しを精選し，近代的辞書編纂法に基づく明解な記述様式を創案，組織化したことが『言海』の最大の功績と考えられる．

　ことに，語義記述の方法は，意味を区分して，正義，転義，訛義とそれぞれ位置付けて番号と符号で区分して見出しの品詞と対応したわかり易い語釈で解釈を加えるという『言海』で新たに考案されたものであり，以後数多くの国語辞典に引き継がれることとなり，今日の国語辞典の記述法では半ば常識になっていることが指摘できる．

　文彦の工夫は，また，70余種にも上る各種符号の使い分けで語種（和語，漢語，外来語）や位相（古語・稀にしか用いない語，訛語・俚語，普通語）等の指示が徹底されている点にも認められる．

　このように，文彦は記述様式の案出と記述内容の組織化の両面に意を傾注して，近代言語辞書としての体系と資質を具備する有機的構造体としての辞書『言海』を作り上げるに至ったのである．

　しかし，資金面を始めとする様々な制約から，見出しを削減し，出典及び挿絵の掲載を断念することとなった．『言海』の問題点の大半がこの点に起因しているのは痛恨の極みといえる．

　なお，山田美妙は『言海』を読んで，アクセント表記のないこと，類義語の違いの説明に不十分な点のあることなどに不満を覚え，自ら『日本大辞書』を刊行した．特色ある辞書であるが，短期間の編集であるため欠陥も多い．

『日本大辞書』

山田美妙（明治元年-43年〈1868-1910〉）著．明治25年（1892）7月～同26年（1893）12月刊．本文11巻と付録「日本音調論」1巻の12冊本と，第11巻と付録が合本になった11冊本の2種類がある．見出しは約53000語を収録．口語体で説明した普通辞書としては日本最初．独自のアクセント観に基づいて語のアクセントを記し，類義語の説明に力を注ぎ，俗語，方言などの語彙を多く取り入れるなどの特色がある．国語辞典の理念の点では評価できるが，口述速記をまとめたもので，歴史的な価値しか認められない．

近代国語辞典は，『言海』を範にして，以後，類似の小型辞典から実用的な中型辞典，さらに規範的な大型辞典へと歩を進めて今日に至るのであるが，『言海』の内包している問題を解消する国語辞典はなかなか出現せず，より高次な辞書の体系を構築する国語辞典の出現に至るまでには相当の時日を必要としたのである．

(5) 国語辞典の実用化——小型辞典の続出と中型辞典の出現

『言海』刊行後，陸続とこの種の小型辞典の出版がなされ，『帝国大辞典』が近代化の趣向を凝らすと，以後中型化の方向に進み，『日本大辞典ことばの泉』をはしりとして，以後『辞林』，『大辞典』，『広辞林』等の実用性の高い中型辞書が主流となり，この流れを受けて我が国にもようやく本格的な大型辞書が出現し，大型国語辞典の時代を迎えるに至るのである．

『帝国大辞典』

藤井乙男（明治元年-昭和20年〈1868-1945〉）草野清民（明治2年-32年〈1869-99〉）共編．明治29年（1896）10月三省堂書店刊．見出しは約57000語を収録．和漢古今の雅言・俗語を網羅した普通辞書．山田美妙の『日本大辞書』の版権を買い取り，それを基礎に物集高見の『ことばのはやし』や大槻文彦の『言海』も参考にして短期間に作られた．『日本大辞書』と異なるのは語釈を平仮名表記し，文語文に改めている点である．アクセントは載せず，記号の使い方も少し異なる．見出しはほとんど変わらず，語釈も同じものが多い．この辞書を基にして，以後，三省堂は数多くの国語辞典を出版する．

『日本大辞典 ことばの泉』

落合直文（文久元年-明治36年〈1861-1903〉）著．明治31年（1898）7月～同32年（1899）5月刊（和本5分冊・仮製本5分冊），同32年6月刊（本製本1冊）．大倉書店　洋装本にだけ「日本大辞典」の角書がある．92000余語所収．普通語の他，広く古語，俗語，方言，隠語や当時の新語も収録し，さらに，人名，書名，天皇，宮殿などの固有名詞を見出しに立て，五十音順に配列し，品詞，漢字表記，語釈，出典などを記す．百科事典もかねて実用的な辞書を企図したもので，語の種類は多いが，やや浅い内容である．

『辞林』

金沢庄三郎（明治5年-昭和42年〈1872-1967〉）編．明治40年（1907）4月，三省堂書店刊．本文1637頁．81900余語所収．実用に適する中型辞典の要請に最初に応えた辞書．時代に即した見出しと派生語を多数採集し，普通に用いられる用法に目を向けて記述し，実用性を図っている点に特色がある．

『大辞典』

山田武太郎（美妙）編．明治45年（1912）5月，嵩山堂刊．上下2冊．約18万語所収．古言，雅言，方言，訛言，漢語，外来語，学術語のほか，名高い人物の略伝をも含めている．『日本大辞書』にかなりの訂補を行っている．人物について調べるのには適しているが，国語辞典としては余り有用ではない．

『広辞林』

金沢庄三郎編．大正14年（1925）9月，三省堂書店刊．明治40年（1907）刊の『辞林』の改訂増補本．五十音順．約10万語所収．字音語の見出しを表音式に改め，巻末に難訓・字音両索引を付す．『辞林』と同様，現代語彙の収録に意を用いている点に特徴がある．

(6) 大型国語辞典の誕生

『言海』以降，数多くの国語辞典が工夫を凝らして世に送り出されたが，いずれも『言海』を乗り超えることはできなかった．このような流れの中で，本格的な近代国語辞典の創出が，松井簡治の大型国語辞典『大日本国語辞典』の出現によって果たされることになった．

『大日本国語辞典』

上田万年（慶応3年-昭和12年〈1867-1937〉）・松井簡治（文久3年-昭和20年

〈1863-1945〉〉共著．初版大正4年（1915）10月〜同8年（1919）12月4冊刊行．索引1冊は昭和4年（1929）刊．初め冨山房，金港堂両社の発行，後に冨山房．採録語は，各時代語，現代語，学術専門語，外来語等総語数約204000語に及ぶ．見出し語は歴史的仮名遣いにより五十音順に配列．語ごとに通行の漢字，文法上の事項，語釈，出典を示し（ただし現代語を除く），動植物名，有職故実については時に挿画をもって説明を補足する．語源については原則として説明しない．成句，諺，格言，句をなす連語を多く登録して，それらの首部の下に収めるなど，総じて従前の辞書に比して用例，語数ともに整備している．語釈は適切で，多くの見出し語の出典が明らかにされているのが優れた点であり，後続の辞書にも多大の影響を与え，『日本国語大辞典』にその成果が受け継がれている．

　松井は，辞書編集に際して最初に言葉の索引の蒐集と編集に5年近くも費やし，国語の言葉が40万語位存することを確かめて，それを基に20万語程度を目途に採収して本格的な辞書編集に着手してから15年を経て，堂々たる国語辞典を完成させた．

　この編集姿勢が，採録語と出典を豊富にし，語釈を清新，正確なものにするという成果をもたらした．ただし，現代語についてはやや手薄という問題がある．『大日本国語辞典』を一言で評するならば，「歴史主義的語義記述の上に立った穏健妥当」な国語辞典といえよう．

　これに対して，語源論に特色を有する個性的な大型国語辞典『大言海』があった．この二大国語辞典が，昭和の国語辞書界の主流として長らく君臨し，以後の国語辞典に多大の影響を及ぼすことになる．

『大言海』

大槻文彦著．昭和7年（1932）10月〜同10年（1935）9月4冊，同12年（1937）11月索引1冊冨山房刊．同じ著者の『言海』を大増補したもので，大久保初男らがその志を継ぎ，関根正直，新村出の指導を得て著者の死後完成した．98084項目を所収．近代的辞書の体例を備えているが，古語を中心とする点では先行の『大日本国語辞典』と同じである．各見出し語については原則として歴史的仮名遣い，発音，品詞，通用の漢字表記，語釈，出典の順に整然と説かれ，配列は五十音順である．語源について説くことは，他書に見られない特徴であるが，これには正当でないものも多い．注釈の態度は『大日本国語辞典』に比して，やや穏当でない点も存するが，時には鋭い解釈力を示している．個人編纂の限界と特色

を持つ．また，別冊の索引は，漢字索引，仮名索引，外来語索引からなり，語彙研究の資料として活用される．

大槻は，掲載語数をおよそ三倍にし，語源考察を徹底することにより『言海』の誤りを訂正し，正確な語義記述を目指すという方針で『言海』の増補改訂に明治 45 年（1912）5 月頃から取り掛かったが，完成を待たずに他界したため，大久保が中心になって受け継ぎ，昭和 12 年（1937）に完成した．

ことに，語源についての記述が個性的であるために，独断的であるとの評価をとかく受けがちであるが，文彦は判断の付かない場合は保留し，類例を挙げ，さらに，他者の説を引用する時にはその旨を明記し，何よりも音義説に陥りそうな時には敢えて語源記述を加えようとしない立場を堅持していることからすると，『大言海』の語源説は必ずしも独断的ではないといえる．

語源記述の必要性を訴え，これを国語辞典の世界に反映させている点は高く評価されるものである．

大型国語辞典としては，この他に昭和 9 年（1934）8 月〜同 11 年（1936）9 月にかけて，平凡社より『大辞典』が 26 巻で刊行されている．約 72 万項目を所収するが，百科項目が多く入っており，国語辞典としては現在でも最大の項目数を誇るものの，辞書の内容には問題が多く，利用価値は低い．

(7) 現代の国語辞典の世界——多様化と電子辞書化

現在，数多くの印刷媒体の辞書（冊子形態の辞書）が発行されているが，このうち，今日の国語辞典の主要なものがどのようにして登場したのかを，小型・中型・大型の各辞典についてそれぞれ見て行くことにする．

昭和初期から戦前にかけて，主要な国語辞典には『小辞林』(かなざわしょうざぶろう)（金沢庄三郎編　昭和 3 年（1928）9 月三省堂書店刊）があった．これを口語文に書き改め，『言苑』(げんえん)（新村出著(しんむらいずる)　昭和 13 年（1938）2 月博文館刊）も参考にし，編集方針の確立と見出しと意味の大幅な追加と削除を経て，『明解国語辞典』(めいかいこくごじてん)（金田一(きんだいち)京助監修(きょうすけ)　昭和 18 年（1943）5 月三省堂書店刊）が登場する．『明解』の現代語中心主義が機縁となって，以降小型辞典は現代語中心の辞典という構図が成立して定着することになる．

さらに、簡便、実用性という特色から、学習用辞典という面にも目を向けて、様々な工夫を凝らした数多くの小型国語辞典を世に送り出すことになった．表記、文法、語釈の面でそれぞれ新機軸を打ち出す小型国語辞典が続々と出現して今日に至っている．

また、小型国語辞典は、規模の点から比較的小回りが利くために、時代への即応を目指して短期間に改訂を繰り返し、新趣向を次々と打ち出すという特徴があることも指摘しておく必要があろう．

中型国語辞典は、『広辞林』以後、新村出の『広辞苑(こうじえん)』が出現すると一世を風靡(ふうび)することとなる．

『広辞苑』

新村 出(しんむらいずる) 編著．昭和30年（1955）5月岩波書店刊．同じ著者の『辞苑(じえん)』（昭和10年（1935）2月博文館刊）を改訂増補したもので、1冊で国語・百科両様に使える辞典として広く読者の支持を受け、平成16年現在では第五版と版を重ねるに至っている．

同趣の中型国語辞典には、『講談社日本語大辞典(こうだんしゃにほんごだいじてん)』と『大辞林(だいじりん)』がある．

これに対して、言語辞書の性格の強い『新潮国語辞典(しんちょうこくごじてん)―現代語・古語―』は、現代語と古語を1冊にまとめた辞典として中型国語辞典としては異彩を放っている．

大型国語辞典は、松井簡治の『大日本国語辞典』の企画から出発した『日本国語大辞典』の出版によって初めて我が国にも本格的なものが出現するに至った．

『日本国語大辞典(にほんこくごだいじてん)』

日本大辞典刊行会編．昭和47年（1972）12月～同51年（1976）3月小学館刊．全20巻．約45万語所収．これまでの大辞典の共通の欠点であった中世以降特に明治以降の用例と出典を明らかにし、それに基づく語釈を示している点で従来の大型国語辞典の不備を補っている．

なお、『日本国語大辞典』の第二版は、平成12年（2000）12月から同14年（2002）1月にわたって全13巻が刊行され、さらに新たに同年11月に別巻（漢字索引、方言索引、出典一覧）が発行されて、現代の日本を代表する国語辞典

となっている．

　一方，理想的で本格的な国語大辞典を目指して，現在，国立国語研究所によって『日本大語誌』（仮称）の編集が進められている．

　従来の印刷媒体の辞書（冊子形態の辞書・印刷辞典）に対して，今日では電子媒体の辞書（電子辞典）も出現して広く使われるようになってきた．

　電子辞典は，小型軽量で多様な検索方法を可能にし，文字・図形・音・色彩などを表現する機能を組み合わせて冊子形態の辞書では不可能であったものを可能にさせる新しい形態の辞書といえる．国語辞典の電子辞典としては，『大辞林』の電子ブック版12センチCD-ROM版や『広辞苑』第五版のCD-ROM版などがある．

　また，辞典の改訂は，電子媒体の辞書では比較的容易に行えるので，時代に即応する辞典への要請を受けて，将来は改訂を短期間のうちに繰り返すようになると予想される．

2. 辞書の中の日本語

(1) 時代と歴史をあらわす言葉

　辞書は，編集された時代の発音，意味，表記，文法，語意識などの日本語史の資料として位置付けられるものであり，従って，特定の時期の言葉や，特定の語または語彙の変遷などを知るための重要な資料といえる．

　ただし，辞書には，前代の資料を模倣，踏襲する傾向や，規範を示す意図の見られるものもあるので，辞書の言葉が必ずしも実際に使用されていたものを直接反映していない場合もあることを理解しておかなければならない．国語資料として辞書を利用する場合には，このことを十分承知した上で，それぞれの辞書の特色を理解して臨む必要があろう．

　「ハイカラ」という語は，今日では限られた年代の人たちの使用語になっているが，『新明解国語辞典』第五版や，『新潮国語辞典』新装改訂版では，それぞれ次のように記されている．

　　ハイカラ ⓪ 一な〔和製英語〕〔趣向が新しく〕小奇麗で，気がきいていること．また，そ

の人．──さ⓪（『新明解国語辞典』）

ハイカラ（high collar の転．「灰殻」は皮肉なあて字）㈠たけの高いカラー．㈡西洋ふうを好み気取ること．また，その人．㈢流行を追っておしゃれをすること．また，その人．㈣にやけていること．また，その人．（『新潮国語辞典』）

　この和製英語が，いつ誰によって造られ，どのような意味で当初使われていたかということについては，現代の国語辞典は明らかにしてくれない．

　ところが，『改修言泉』第四巻（昭和2年〈1927〉）や『大言海』第三巻（昭和8年〈1933〉）を見ると，事情が明らかになってくる．

はい-から 高襟〔英 High collar〕【名】『高きカラの義．ちゃんから・ばんから（蠻殻）参照』■一普通よりたけ高きカラ，又それを著用せる人．■二『明治三十三四年頃，毎日新聞記者石川半山が，洋行歸りの輕薄者の，研學を疎かにし，ネキタイ・ハイカラ等の裝飾のみを學び來りて得意がるを嘲りて，ネキタイ・ハイカラの化物なりと評せしに本づく』西洋の事物を好み學びて，通人を氣どること，又その人．■三新しき流行を趁ふこと，又その流行物，又はその服裝．■四にやけてあること，又その人．輕佻．

はいから-あたま 高襟頭【名】ハイカラ■二の頭髮．西洋の流行を眞似て，梳り飾りたてたる頭髮．

はいから-じたて 高襟仕立【名】ハイカラ■二の服裝．

はいから-しんし 高襟紳士【名】ハイカラ■二の服裝をなせる紳士．

はいから-たう 高襟黨【名】ハイカラ■二■三の人の仲間．

はいかる【動四自】『はいから（高襟）の語尾を變化せしめて，動詞とせるもの』ハイカラ■二の言語・擧動をなす．〔俚語〕（『改修言泉』）

ハイカラ（名）高襟〔英語，High collar. 高キ襟ノ義〕（一）洋服ニテ，普通ヨリモ，高サノ高キカラある．又，ソレヲ着ルコト．（二）新奇ノ流行ヲ追ヒテ服裝ヲ飾ルコト．キザニ流行ヲ氣取ルコト．又，其者．イヤミナ，シャレモノ．此語ハ石川安次郎ト云フモノ，唱ヘ出シタルヲ，小松綠ガ，めとろぽうるほてるニ於ケル竹越與三郎ノ送別宴ノ席上ニテ演說シタルヲ，二六新聞ニテ書キ立テタルヨリ弘マリタリト．コレニ對シテ，世評ヲ顧ミズ，粗野ナル服裝ヲナスヲ，蠻からト云フ．

はい-から（名）灰殻 輕薄者ノ稱．（前條ノ語ニ出ヅ．灰ノ殻ハ吹ケバ飛ブ，ソノ輕キニ擬ス．はいはひノ音便）

ハイカ・る（動）ハイカラメク．（『大言海』）

　「ハイカラ」は，毎日新聞（東京横浜毎日新聞）記者石川半山（本名石川安

次郎）が明治33，34年頃洋行帰りのハイ（高い）カラー（襟）の外交官をからかった言葉「ネキタイ・ハイカラ」から広まった．「ハイカラ党」と呼ばれ，動詞化して「ハイカる」が生まれたといったことが明らかとなる．

このように，辞書の言葉は，時代と歴史をあらわしており，語史研究のとっかかりとなる極めて重要なものといえる．

(2) 言葉の意味と使い方

辞書には，見出し項目下にさまざまな情報が記載されている．その中でも，中心となるものは，やはり，語義記述と用例である．つまり，語はどのような意味で，どのようにして用いられているかということが辞書の最大関心事となろう．

ところが，現代の国語辞典は，このような事柄に対して十分に答えてくれるものには必ずしもなっていない．

時間的・空間的な先後・前後関係をあらわす一群の語に「のち・あと・まえ・さき・うしろ」等がある．これらの語の違いについて明確な解答を与えてくれる国語辞典はまだ出現していない．

勿論，言葉を言葉で説明するという点から同語反復（トートロジー，堂堂巡り）は避けられない宿命とはいえるが，語の意味と的確な用例の記述が，国語辞典の課題の一つといえる．

このような類義・対義関係の語義の説明と用例の他に，連語，慣用句，文型の記述についても更なる工夫が国語辞典に求められているといえよう．

(3) 辞書にない言葉

辞書は，その規模と性格に応じて，独自の編集方針の下で，見出し項目の選定を行い，さらに，見出しに関連する情報を質と量の両面から取捨選択し，それを記述することによって形作られるものである．

従って，編集の時間的制約や，限られた分量という空間的な制約のために，辞書には，見出しとして立てられていない言葉や，記述されていない意味内容等が出現するのは当然である．

新語，流行語，俗語，死語，異形語，複合語等が収録から漏れて，あって当

然の見出し語が辞書中に掲載されない事態は不可避であり，また，表記，発音，文法，語種，語史，語釈，用法，用例等の記述内容が不十分であったり，抜け落ちて記述されないことが起こるのは至し方のないことといえる．

　記述的か規範的かという辞書の性格とは無関係に，国語辞典には，このような限界があることを十分に認識しておく必要があろう．

7. 和語の現代

1. 和 語 と は

　「和語」とは，固有の日本語，およびそれのみで作られた語を指す．本来の日本語・原日本語という意味合いで用いられ，「やまとことば」とも呼ばれる．時には固有語・固有語彙と称することもある．
　和語の名詞の例を挙げると，

　　やま（山）　かわ（川）　うみ（海）　そら（空）　とり（鳥）　うお（魚）　いね（稲）　はな（花）　かね（金）

など，容易に挙げられ，和語の動詞の例も，

　　よむ（読）　かく（書）　きく（聞）　いう（言）　あるく（歩）　はしる（走）　みる（見）　きる（着）

と同様に挙げられ，これらは日本語の中でも基本中の基本のことばである．
　和語は，このように，古代から日本語の語彙の中でもっとも基本的な位置を占め，いわば基本語彙と呼び得るものになっている．日本語の中で，話し言葉を中心として，日常よく用いられる基本的，一般的な単語の多くは和語であり，漢語や外来語と異なって，すべての品詞にわたっている．
　また，次のように，

あか（赤）　あお（青）　しろ（白）　くろ（黒）

など，和語として，基本の色となるものも挙げられ，前に挙げた基本の名詞・動詞同様，語の長さは二拍となっている．

一方，「黄色」，「茶色」，「茶」などの色彩名は，もともと漢語であり，それをそのまま音読したり，和語または和漢混淆に変更したりして，日本語に後に加わったものである．後の時代の語になると，三拍語，四拍語，さらには五拍語と，次第に拍数が増えていった．

さて，明治以降に使われるようになった「和語」は，日常一般に使用する基本語とともに俗語の性格を帯びたものが多い．漢語，外来語がかなりの部分，公的でやや難解な意味を表すのに対し，「和語」は私的で平易な意味を表し，使用意味や使用場面で両者は分担し合って使用している場合が多い．

以下において，現代の中で特徴的に使われる「和語」を取り上げていくことにする．取り上げる用例は，近世にまでさかのぼるものもあるが，いかにも現代的と感じられる語または表現を品詞ごとに取り上げている．

2. 名　　　詞

名詞では複合名詞に特徴が認められるので，そのいくつかを取り上げる．

(1) 青田買い，青田刈り

「青田買い」とは，

> 水稲の成熟前に，その田の収穫量を見越して先買いすること．転じて，学校の卒業見込みがまだ立たないうちに，会社，事業所などが，卒業後の採用を決めること．青田刈り．（『日本国語大辞典』第二版）

と説明され，用例として，

> 青田買ひ　見越し買ひの一種なり（竹内猷郎『袖珍新聞語辞典』大正8年〈1919〉）

の例を挙げ，大正期から使用されていることを示している．

一方,「青田刈り」は,

(「青田買い」のもじり)最終学年になって間もない学生と入社契約を結ぶこと.誤って「青田買い」とも言う.1962年に『週刊朝日』が造語してはやらせたことば.(米川明彦編『日本俗語大辞典』,平成15年〈2003〉)

と説明されている.

本来の意味からの転用の「青田買い」,「青田刈り」は,もはやどちらが誤りかなどという感覚はなく,学生の早期の就職内定を指す言葉として使われている.

(2) 売れ残り

「売れ残り」は,本来物が売れずに,あとに残ってしまう意で,商業活動が盛んになった近世に現れた.一方,近世は士農工商の社会階層が確立し,それぞれの階層が活発に社会活動を行い,遊興の場でもある遊里も生まれ,そこで使用される言葉が遊里語となり,「売れ残り」もその例である.遊女が客がつかずに残っている意に用いた.人に用いる場合,これが契機となり,売れずに残っている状態であれば,それに応用することが可能となり,職につけずにいる者に用いるとともに,「悪くはないが高いので売れ残り」(『誹風柳多留』20)のように,とくに婚期をのがして結婚せずにいる独身女性に用いる.これが近代に入ると,第一の意味に偏向してしまっている.

ところが,賞味期限の切れた食品表示に誤解される「売れ残り」では人には使いにくいのか,近年これに代わり「負け犬」が現れた.30代以上の独身女性を指す言葉として用いられている.子供を持つ既婚女性を「勝ち犬」と呼び,「負け犬」と対比させた意想外の記述が反響をよんだようだ.しかも流行語として使う場合,漢語「負犬(ふけん)」ではなく,「負け犬」という和語の柔らかい語感があずかって力があったのであろう.

(3) 黄色い声

まず「黄色い」の語構成は,「黄色」に形容詞の活用語尾「い」がついたものである.漢語「黄色」の訓として「きいろ」が生まれ,これに最初形容動詞

の活用語尾「なり」がつき，次にこの活用語尾の末尾が脱落して「黄色な」が現れた．近世後期の江戸語においては形容詞の活用語尾「い」を付した「黄色い」が現れた．この古い例として「わるひ事を白い<ruby>キイロイ<rt>モス</rt></ruby>」（『東都真衛（<ruby>えどまえ<rt></rt></ruby>）』享保4年〈1804〉）が挙げられ，芸人社会の隠語として，未熟や二番手の意から悪い意に転じた例である．また，江戸語では，上の例と同様，色彩語以外に「鬼若衆黄（き）色な声にて」（『教訓雑長持』3，宝暦2年〈1752〉），「講釈師の黄色なる声」（『根無志具佐』4，宝暦13年〈1763〉）のように，かん高い声に「黄色なる」「黄色な」を用いた例もみられる．

形容詞「黄色い」は，江戸時代の1800年代前半にかなり広く用いられているが，「黄色い声」は「黄色い声を高調子（たかてうし）」（『安愚楽鍋』初，明治4年〈1871〉）が古い例である．

しかし，明治以降，「黄色い」が専用されたのではなく，ながく「黄色な」「黄な」も併用されたが，次第に「黄な」が衰退し，あとに「黄色な」「黄色い」が残り，現在では「黄色い」が優位にたちつつある．

(4) 月並み

「月並み」は，もともと「毎月」「月ごと」「例月」の意味である．江戸時代から決まった日に俳句の集まりを開く月例句会の「月並会」が行われていたが，正岡子規が彼らの伝統的な俳句を「月並派」，あるいは「月並俳句」と呼び，「平凡で古い」と批判したことから，「月並み」に意味変化が生じ，さらに，この語を「陳腐」の意味に定着させたのは，夏目漱石だと言われている．

そんな<u>月並</u>を食ひにわざわざここ迄来やしないと仰しやるんで（『吾輩は猫である』二）

語の意味変化とその定着に具体的な人名が推定される珍しいケースである．近代日本語の成立に，このような具体的な人名が明らかにされることが望ましい．

(5) まじ

現代の若者たちが使う「まじ」は「まじめ（真面目）」を略した語である．

「まじめ」の用例は，近世初期の仮名草子から見られるものであるが，「まじ」の用例も近世後期の江戸語からすでに見られる．

- お梅はしじう<u>まじ</u>て居る．（洒落本『にやんの事だ』，天明元年〈1781〉）
- とんだ金がかかるぞと<u>まじ</u>をいふでもねへす（洒落本『玉之帳』，寛政年間〈1789-1801〉）

　意外に現代の若者たちの造語かと思われている語も，その源流を尋ねてみると，すでに近代以前に使われていて，その復活かと思われる場合もある．しかし，「まじ」が使われた近代以前と現代の若者たちが使いはじめた時とでは長時間経ているので，両者の間に関係があるのかどうか，方言を含めて考えることが必要である．

(6) 接頭辞
さまざまな接頭辞があるが，和語らしい「うす」「ど」を挙げる．
a.「うす」
　形容詞「うすい」は，厚み・濃度・密度・程度などの少ない状態・あり方を意味する．「うす」は，この「うすい」の語幹「うす」を接頭辞に用いたもので，「うす雲」はうすい雲，「うす曇り」はすこし曇っている状態に用いるように，接続する語の意味の少なさを強調している．しかもマイナスの状態・あり方を示す語に接続することもでき，その語例を出典の知られている時代別に表に示すと，

近世後期	うす汚い
近代	うす気味悪い　うすのろ　うす馬鹿　うす禿　うすぼんやり　うす笑い

と，近世後期の江戸語から現れはじめ，近代に入ると，急激に多くの語が登場するようになった．とくに，「うすのろ」は，江戸語では，

- なるほど，かみがたものはきがながい．あんな<u>うすのろ</u>いけんくはがどこにあるもんだ．（『東海道中膝栗毛』六下，文化4年〈1807〉）弥次→北八

・こなさんも薄のろく，心のくさった女のあとをおわへてあるくもはぢのうわぬ
　り．(『東海道四谷怪談』四幕目，文政8年〈1825〉) 直助→与茂七

のように，形容詞「うすのろい」がもっぱら用いられ，語幹用法の「うすのろ」は近代に入ってから現れた語とみられる．

接頭辞「うす」で造語された語の中で，マイナスの意味が強い語は，近世後期の江戸語経由で近代語に入り，とくに明治期に活性化したことになる．

b.「ど」

接頭語「ど」は，名詞・動詞・形容詞・形容動詞に上接し，強烈な意を表す強調表現に用い，古い例は，「どづく」「ど性根」のように室町時代から江戸初期に源流が認められるが，江戸時代に入って隆盛を迎え，『新撰大阪詞大全』(天保12年〈1841〉，カッコ・句読点はかりに付す)に，

「ど」といふことばすべての発語(ほつご)なり．たとへば「きちがい」を「どきちがい」，「ぬす人」を「どぬすびと」，「こじき」を「どこじき」，「ひつこひ」といふを「どひつこひ」といふたぐひ，いくらもあるべし．余(よ)はおしてしるべし．

とある．前期上方語以降後期江戸語を通して，上の例以外に，「どえらい」「どぎつい」「ど根性」「ど性骨」「ど頭(たま)」「ど天上」「ど百姓」「ど滅相」のように強調の意を添える接頭辞でありながら，「ど」使用者の非難・軽蔑・卑下・感嘆など，使用環境での感情の高まりの表現に用いたようだ．近代以降使用されている「ど素人」「ど真ん中」「どでかい」のように，マイナスの意を含まない，強調だけを表す場合に使用する語もみられる．

3. 動　　　詞

(1) 接頭辞＋動詞

この期の動詞の特徴の一つとして，まず接辞を付した動詞が目立つ．「掻(かき)」の変化した「かっ・かん」の「かっ攫(さら)う」「かっとばす」「かっ込(こ)む」「かっ穿じる」「かん嘗(な)める」「かん出(だ)す」「かん並べる」，「突」の変化した「つっ・つん」の「つっきる」「つっ立つ」「つっぱる」「つん劈(さ)く」「つん出(だ)す」「つんの

める」,「引(ひき)」の変化した「ひっ・ひん」の「ひっぱたく」「ひっ離(はな)す」「ひっ張る」「ひん殴(なぐ)る」「ひん曲(まげ)る」「ひん剝(む)く」,「打(ぶつ)」の変化した「ぶっ・ぶん」の「ぶっ切る」「ぶった切る」「ぶっこ抜(ぬ)く」「ぶっ倒(たお)す」「ぶん流す」「ぶん殴(なぐ)る」「ぶん投げる」「ぶん回す」などの語が挙げられる．いずれも強調の意を含みながら粗野な言い方に現れる．

　これらの接頭辞を付した語は，近世において江戸を中心とした東国のことばとして用いられていたが，近代に入ると，それが東京語の中に取りいれられ，徐々に全国に広がっていった．ただし，この中に全国に広がらず，東日本方言にとどまっている「かん」を付した「かん嘗める」「かん出(だ)す」「かん並べる」のようなことばもある．

(2) 動　詞

　接頭辞をとらない，現在も使用されているユニークな動詞の例を次に挙げることにする．

　「あてられる」は，男女が仲の良いところを見せつけられたり，のろけ話を聞かされたりする意に用いる．現代語の中でも一般に用いる．この語は動詞「当(あ)てる」に受身の助動詞「られる」が付いた動詞である．

　　「腹の中に箸を立てておきなすつて」「当(あ)てられましたかね」（二世河竹新七『鼠小紋東君新形(はるのしんがた)』三幕，安政4年〈1857〉)

が，古い例として知られている．

　「切れる」は，「切(き)る」が四段活用の他動詞であるのに対し，下一段活用の自動詞である．この語義は，切断・分離を基本義としている．この切断・分離が瞬時のうちに行われる場合があることに着目した意味づけがなされ，刃物などで鋭く切断・分離できる意，物事を鋭く割り切る能力の意が派生義として加えられた．ところが，昭和55年（1980）ごろから感情の押さえが利かなくなって，暴力的な行動になる意味に用いるようになった．とくに若者の行動に使うことが多く，当時の社会情勢を反映したことばであった．このように，怒りの感情が外に現れた時に使う「切れる」がその「切れ」た結果，その後に気持の整理がつかず不安定な精神状況になって落胆・虚脱状態になる場合がある．こ

の状態を同じ昭和55年ごろから「落ち込む」ということばで言い表した．若者の深刻な精神状況を表すことばとして「切れる」と「落ち込む」がセットで用いられたことは，それほど現実の社会が不安定で切実な情勢になっている証左である．

「むかつく」も同じ若者ことばとして「切れる」「落ち込む」が使われた昭和50年代に使用されるようになった．本来は「むかむか」というオノマトペで，その「むか」に活用語尾「つく」が付いた語である．基本義は，生理的な吐き気を催す意味であったが，吐き気を催すような心境という，精神的な意味に拡大させて，腹の立つ不快感を示す意味に転用された．

- 或は<u>むかつかせ</u>，又はおびやかし，敵のまぎるゝ所の拍子の理を受て，(『五輪書』風の巻，寛文7年〈1667〉写)
- <u>むかつくとは</u>　はらのたつこと．(『新撰大阪詞大全』，天保12年〈1841〉)

のように，近世から転義例が見られた．しかし，その後，この転義が有力な意味として使われず，本義の生理的な吐き気を催す意味で主に使われてきたが，昭和50年代になると，転義の腹が立つ意が若者の不快感の現れを巧みに捉えたことばとして，若者に迎えられ，若者用語の一つとなり，今や世代を越えたことばになりつつある．

4. 形容詞

形容詞は，事物の性質・状態を表す品詞であるが，造語力に欠け，その欠陥を形容動詞が補っている．それで現代語では事物の性質・状態を表す新語の多くは形容動詞で取り入れ，形容詞で取り入れた例は，「切磋琢磨」を掛け詞に使った「せっさたくましい」と混種語にした例や「好きだ」の打消しを「好きくない」などに限られ，その例は多くない．

(1) えらい（ゑらい）

近世半ば頃から広く見られるが，「立派だ，優れている」のような意味で一般的に使われるようになるのは，明治以降である．

4. 形 容 詞

近世においては，多くは「ゑらい」（一部「苛」の字を当てた表記がある）とひらがな書きされていたが，明治に入ると「えらい」という表記が見られるようになった．「偉」を当てた「偉い」という表記は，明治半ば以降に現れる．

其よりもっと偉い話がある（尾崎紅葉『多情多恨』後編，明治29年〈1896〉）

ただ，ここでの「えらい」は「大変な」というような意味で使われている．
　近世後期以降において，副詞的な用法（「ゑらふ」だけでなく「ゑらい」の形でも副詞的に用いた）は，上方を中心に広く見られた．

ゑらふ様子のよい嬶が来たほんにゑらいよい嬶じや（洒落本『身体山吹色』寛政11年〈1799〉）

なお，接頭辞「ど」がついた形の「どえらい」もよく使われる．

白髪三千丈とは強苛ひ李白が寓詞よふ思ふても見たがよい（洒落本『当世廓中掃除』文化4年〈1807〉）

やはり近世後期から上方を中心に広く見られるものである．
現代でも広く使われるが，現代の名古屋では次のような例も見られる．

どえらい心配して（堀田あけみ『アイコ十六歳』昭和55年〈1980〉）

「どえらい」を副詞的に用いたものである．
なお，「ど」のついた形容詞としては「どぎつい」といった語もある．

(2) どぎつい

近世には「きつい」を「程度がはなはだしい」という意味で用い，「大変いそがしい」の意味で「きついいそがしい」などというような用法も見られたものであるが，「きつい」に接頭辞「ど」のついた「どぎつい」は現代，よく使われる形容詞である．この語も近世後期に現れている．

昔も今も金がいはする美男子脚元見られてぐつと罵られ苛ふ心にあたりしが（洒落本『当世廓中掃除』）

(3) しんどい

関西方言から全国共通語となったものとされる．上方語での例を次に挙げる．

 是は<u>しんどい</u>宗旨じやな．（浄瑠璃『妹背山婦女庭訓』三，明和8年〈1771〉）

上方語及び関西方言でない例として『日本国語大辞典』が挙げているのは，次の例のみである．

 馴れないものに乗ると<u>しんどくて</u>ねえ（福永武彦『忘却の河』二，昭和38年〈1963〉）

考えてみれば，「おはよう」，「ごきげんよう」なども，上方語（関西語）が標準語と認められたものである．

(4) すごい

「凄し」は古くからある形容詞だが，現代では，西日本での「えらい」などと同様，「すごくかわいい」「すごくきれいだ」のように程度修飾の形容詞として用いられることが多い．また，「すごいかわいい」「すっごいきれい」などというような表現も近年よく耳にするが，ここでの「すごい」は，副詞として使われているとも説明されることがある．このような「すごい」の早い例かと思われるものを，次に挙げる．

 私と一緒に一週間一ぺん泊まる人ね，<u>スゴイ</u>へんな顔なのよ，目がとびだして，肌がブツブツしてて，ダンゴッ鼻で，ソッ歯で（森村桂『青春がくる』おふくろ，昭和43年〈1968〉）

(5) せこい

現代の若者語として，「けちくさい，ずるい」といった意味で用いられるこの「せこい」について，

 「せこい」の語源は「せこ」〔勢子〕で，狩りに出す人足の意．（米川明彦『日本俗語大辞典』，平成15年〈2003〉）

と説明されているが，中世の辞書『名語記』（建治元年〈1275〉）には「せこ」について次のようにある．

> いやしき物をせことなづく，如何．さげくぼの反，下窪の心歟（六）

中世語の「窪（くぼ）」には「いやしい，程度が低い」の意味があるが，同じく「いやしい，程度がひくい」の意味を表す「下窪（さげくぼ）」が変化して「せこ」になったというのである．『名語記』の説明には少し無理があるかもしれないが，少なくとも，「いやしい」意味を表す中世語として「せこ」というものがあったということは考慮におくべきであろう．そして，この「せこ」が形容詞化して「せこい」となったという可能性もあるのではないだろうか．しかし，別解として，泰然とせず，心がいらだつ意や落ち着かない意の「急く」「せかせか」の「せく」「せか」が母音変化して「せこ」となり，これに形容詞の活用語尾「い」が接続したことも考えられる．そして，泰然とせずいらいらして落ち着かない状態から，その様子がいやしい様と解釈されて使用され，これが再び意味に変化が生じ，けちくさいとかずるい意味とかに転じたとも考えられる．

現在，「せこい」も若者のことばとして抵抗なく使用されているが，成人した者の中には使用をためらうこともあることばかとも思われる．

(6) でっかい

「でっかい」は「でかい」の強調形で，現在「でっけえ」とも発音され，全国広く使用されているが，標準語に組み込まれず，卑俗なことば，または方言という位置づけで使用されている．語頭の濁音の聞こえが強いためか，俗語臭が強いからであろう．安原貞室の『かた言』（慶安3年〈1650〉）に，

> 物のいかめしく大きなることを，でこ・でっかい・にくじなどといふこと，いとさもしう聞こゆ（巻二）

という発言があるごとく，もともと京都でもさもしい卑俗なことばであったらしいのである．現在でもやはりこのことばは，卑俗なことばを使いたがる若者向きのことばとして受け入れられているようだ．

(7) やばい

「やばい」は，自分の身や自分の属している集団が官憲などの追及にあって危険が迫って不都合な意，危険である意で，もとは犯罪者，テキヤ，不良少年などの個人・集団の隠語であったものが，現在，一般の若者たちに広まったことばである．「やばい」の成立には，「あやぶむ」の頭音が脱落し，母音が変化して「やぶむ」の「ぶ」が「ば」に転じた上，最初にその語幹「やば」に形容動詞の活用語尾「な（り）」が付いた，との説がある．初出として辞書類に，

> 兼て引替でなけりや滅多に渡さぬ代物なれど，俺が持てゐると<u>やば</u>なによって，景図の一巻，是をお前へ預けます．（歌舞伎『韓人漢文手管始』四，寛政元年〈1789〉初演）

が挙げられている．そして，形容動詞から形容詞に変化する例は，古来「まろなり→まろい」「おほきなり→おほきい」「ひきなり→ひきい→ひくい」など多くの例が挙げられるように，「やばな（り）→やばい」と変化した語と考えられる．この初出例は，近代になってからで，辞書類では，

> ヤバヒ　危険なること則ち悪事の発覚せんとする場合のことを云ふ．（稲山小長男『日本隠語集』，明治25年〈1892〉）

を挙げるのが一般である．

(8) 〜っぽい

「っぽい」は，名詞，動詞の連用形に付いて形容詞を作る接尾語である．〜やすい，〜の傾向がある意に用いる．上接語と接する場合，語頭に促音が加えられるのが特徴である．現代語に，

> あきっぽい　あだっぽい　あらっぽい　あわれっぽい　いがらっぽい（えがらっぽい）　いろっぽい　おこりっぽい　おとなっぽい　きざっぽい　ぐちっぽい　くろっぽい　こどもっぽい　しめっぽい　しろっぽい　ぞくっぽい　つやっぽい　とっぽい　ねつっぽい　ほこりっぽい　ほねっぽい　ほれっぽい　みずっぽい　やすっぽい　りくつっぽい　わすれっぽい

のような語が見られる．

近年,「うそっぽい」「クリスマスっぽい」「間に合わないっぽい」「無理っぽい」のように,一般に認められていない語が若者の間に流行している.「うそっぽい」の例として,米川明彦は"要領の良さ""見せかけの善意"みたいなもんで,ウソっぽいと言えばウソっぽい」(泉麻人『丸の内アフター5』8,昭和62年〈1987〉)を挙げている.「うそ」だと言いたいのに,社交上,話題をスムーズに進めるために,断言をはばかりたく逡巡した気持が「～っぽい」を付けさせて,気持のクッションを狙ったことばである.
　上に挙げた形容詞の実態を観察すると,とくに若者の間で使われていることに気づく.形容詞が造語力を失っているのに,近年若者によって活性化されたり,新しく造られたりしていることに注目しておかなければならない.

5. 副詞・助動詞など

　和語副詞には,オノマトペに由来する語がかなりの数挙げられる.その一部を挙げると,

　　いそいそ　いらいら　うろうろ　おろおろ　かりかり　きりきり　くらくら　こりこり
　　ごりごり

などがその例である.
　現代の若者が使うオノマトペ系の副詞に,遊興関係のことばを登場させる傾向がある.その例に,もと麻雀用語とされる,簡単にするさまを示す「さくっと」や,もと賭博用語とされる,手早くするさまを示す「さくさくっと」が挙げられる.また,若者語に語形を変化させたり,省略したりした副詞もみられる.「さっぱり」を語形変化させた「さっぱし」,「やはり」を省略・強調させた「やっぱ」がその例である.これらはすでに近世後期や明治期に用いられていた例であるが,これらを若者という集団の中でさかんに使用されたため,ことさらに若者語として目立つことばになったのである.
　助動詞「みたいだ」は,「見たようだ」が変化した助動詞とされている.「見たようだ」は「見る」の連用形「見」に完了の助動詞「た」が付き,さらに比況の助動詞「ようだ」が付いてできた助動詞である.変化は「～をみたよう

だ」→「〜みたようだ」→「〜みたよだ」→「〜みたいだ」の経過をたどったとみられる．「〜をみたようだ」は，すでに近世前期の上方語に，

   にしめ大豆山椒の皮などはさむは，色町を見たやうにおほはれてしほらしければ，（『好色一代女』五-二，貞享3年〈1686〉）

のように用いられていて，江戸後期の江戸語でも引きつづき用いられた．江戸語に「を」を付さない，

   何だか，雨落のきしやご見たやうに，しやれのめすよ．（洒落本『辰巳之園』，明和7年〈1770〉）

の例がみられ，副詞句として用いている．明治期でもこの助動詞は用いられていた．一方，「〜みたよだ」は，「〜みたよな」の活用形しか知られていないため，連体詞と扱うのが一般で，初出は明治期で，その例として，

   抵当に入れた馬小屋見たよな家は，金主から逐つ立てられる．（木下尚江『火の柱』二十四・二，明治37年〈1904〉）

が挙げられる．「〜みたよな（だ）」の「よ」は，「良い」が「いい」に転ずるように「い」となり，「〜みたいだ」を作り出し，

   オホヽヽヽ姉さんいやだ，オバアさん見たいに，（巌谷小波『五月鯉』，明治21年〈1888〉）

のように，明治期から用いられ，引きつづいて現在にいたっていて，比況の助動詞としての位置を占めている．

　近年この「みたいだ」の「みたい」を形容詞と考えて，形容詞の連用形が「〜く」であるため，これに類推して，「みたい」を「みたく」と変更して用いられている．「豚みたく太る」「馬鹿みたく寝る」「神みたく振る舞う」のように「みたいに」に代わって用いられているが，東北や北関東では古くから使われていたもので，これが東京に入り，周辺地域に広がったともいわれている．このように現代になって現れた方言を新方言ともいい，現在その研究が進められている．

8. 方言の現代

1. 方言と標準語

　日常話す言葉とアナウンサーの言葉に違いを感じることはしばしば経験することだろう．生まれ育った場所から離れて，旅行したり，引っ越したりして，別の地域の人と話をする場合に言葉の違いを実感することは珍しくない．
　このような事態を説明しようする際に「方言」や「標準語」という用語に行き着くはずだ．それでは，「方言」や「標準語」とはどのようなものなのだろうか．

(1) 方言とは何か
　「方言」を説明しようとすると，そこには複数の側面があることに気が付く．例えば，奈良県では「面倒くさい」ことをオトロシーという．これを説明しようとすると，次のように表現できる．
　　奈良の「方言（a）」には，「面倒くさい」を意味するオトロシーという「方言（b）」がある．
　この場合の「方言（a）」と「方言（b）」には違いがあることが理解されるだろう．

a. 方言と俚言
　方言を研究する専門分野は「方言学」である．方言学では，先の「方言（a）」と「方言（b）」を区別する．正確に使い分けを行う場合は，「方言

(a)」は「方言」,「方言（b)」は「俚言」と呼ばれる．

この場合の「方言」とは，特定の地域で用いられる言語の総体を指している．一方,「俚言」とは，個別の語形を意味する．これに従えば，先の一文は次のように言い換えられる．

奈良の方言には,「面倒くさい」を意味するオトロシーという俚言がある.

もっとも，方言学者であってもいつも「方言」と「俚言」を使い分けているわけではなく，文脈で分かる場合には,「俚言」であっても「方言」と呼ぶ場合は少なくない．また，音声的なバリエーションまで「俚言」に含まれるかどうかは，理解に差がある（例えば，東北で「赤」をアガと言うのは俚言なのかどうか）．ともかくも「方言」と「俚言」が異なる概念であることは確かであり，重要な視点であることは間違いない．

以下では，特に使い分ける必要がない場合は,「方言」という用語を用いるが，その背景にはこのような考え方が含まれていることを理解しておいてほしい．

b. 方言区画

「方言」と「俚言」の区別を提唱したのは，日本の方言学の母とも呼ばれる東条操（1884-1966）である．東条操の方言学は「方言区画」を目指すところに特色がある．

いちいちの単語（俚言）や個々の発音，また，ひとつひとつの文法特徴などといった個別事象の異なりではなく，言語の総体としての「方言」を設定した場合に，どのように全国が区分されるかを明らかにし，それぞれの方言を綿密に記述することを目標とするのが,「方言区画論」と呼ばれる研究方法である．

その東条自身による具体的な方言区画は，生涯において，何度かの修訂が加えられるが，図8.1に提示するのが最終案と目されるものである．

方言区画論を方言学の目標に設定することについての是非は，議論がある．とりわけ日本の方言学の父と言われる柳田国男（1875-1962）との論争はよく知られ，柳田国男は8.2節でとりあげる「方言周圏論」に重点を置く．

方言区画の作業は，現実に方言を区分し，地図上に区画の線引きを行おうとすると,「何をもとに区画するか」「どこで線引きするか」「どこまで区画するのか」という具体的手続きの問題とともに，区画することの学術的意義におい

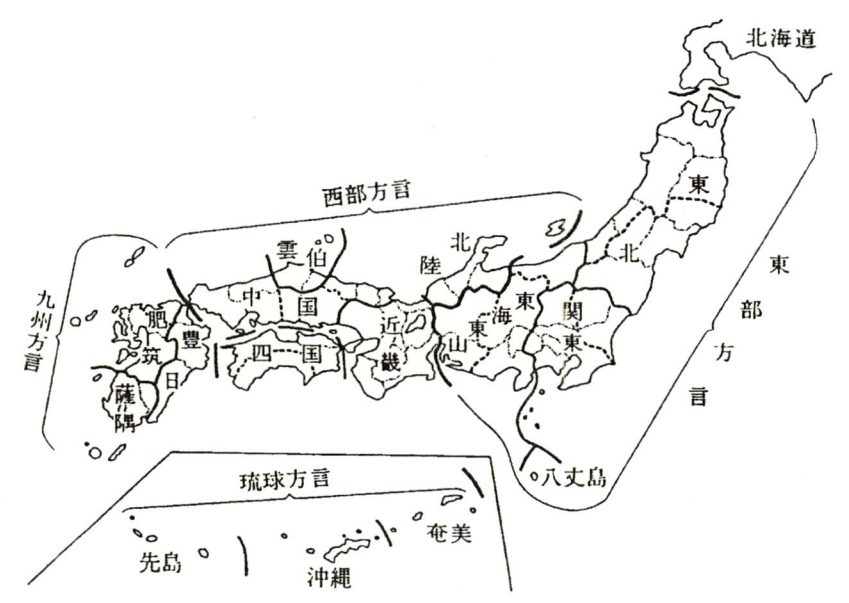

図 8.1 東条操の方言区画（加藤正信「方言区画論」『岩波講座日本語 11 方言』(1977) より）

ても壁に突き当たる．日本方言研究会編 (1964)『日本の方言区画』は，方言区画論の帰着点であるとともに先に進むことのないゴールそのものであった．

しかしながら，「日本にいくつ方言があるのか」という素朴な疑問に対し，おおまかに日本の方言全体をとらえるなら大きな間違いはないという点で，図 8.1 は一応答えるものである．同時に「何をもとに区画するか」「どこで線引きするか」「どこまで区画するのか」という基本的な議論への確実な回答は用意されていないことを忘れてはならない．

(2) 標準語とは何か

「方言」と対比されるのが「標準語」である．この「標準語」の定義と実態の把握は，思いのほか難しい．

a. 標準語と共通語

「標準語」はその名の通り，「標準」であるから，何らかの規格をともなうものであり，「正しさ」を標榜する．それでは，その規格はどこにあるかという

と，全体を規格化するものは実際にはない．時に辞書であったり，部分的には「内閣告示」であったり，「審議会報告」であったり，教科書の用例であったりするが，全体を統括する辞典や文法書はない．おおむね，多くの日本語使用者が「正しい」と認めるもので，教科書に採用され，NHKのアナウンサーがニュースにおいて使用する言語という程度の漠然としたものである．とは言え，「標準」であることから文体的に高いものが期待される．

「標準語」に類似した概念に「共通語」がある．「共通語」は柴田武（1958）で周知されるようになったといわれる．「共通」は「標準」より，許容範囲がやや広めとも見られ，異なる方言を越えて，相互の通じ合いが可能な言語を指す．

もっとも「標準語」と「共通語」という用語は，必ずしも区別して用いられるものではない．時に区別なく「標準語」と呼ばれることがあり，時に「標準」の持つ押しつけがましいニュアンスを嫌って，「共通語」が用いられることもある．

b. 標準語の成立

互いの方言を越えてコミュニケーションをとるための言語は，明治維新後の日本において，それを設定することが急務であった．維新後，国内の人間の交流が自由化したことと，近代的国家の確立において標準言語を設けそれに基づく義務教育の普及が早急に求められたこととが密接に結びついている．

そこで，明治政府は，国語調査委員会を設け，標準語の選定を目的とした，方言の全国調査を実施する．その結果も反映させた標準語は，国定教科書や文法書（『口語法』『口語法別記』）に具体化されることになるが，そこに現れる言語は，江戸―東京の言葉を下地としたものであることは確かである．同時に，この標準語が，強く影響を及ぼしたのは，「書き言葉」の世界であった．日常の「話し言葉」の標準化や共通語化には，まだしばらく時間を要する．

2. 方言の全国調査

国家規模での日本全国の方言調査は，これまでに数回実施された．それぞれの目標には微妙なずれがある．

(1) 国語調査委員会

　国語調査委員会による全国調査は明治36年（1903）に実施された．その成果は，『音韻調査報告書』『音韻分布図』『口語法調査報告書』『口語法分布図』にまとめられた．この調査の目的は，8.1節にも記したとおり，近代国家に見合う標準言語を確立するための基盤整備にある．

　この調査がもたらした最も大きな学術上の成果は「東西境界線の発見」であった．そのことは，次の文言で表される．

仮ニ全国ノ言語区域ヲ東西ニ分タントスル時ハ大略越中飛驒美濃三河ノ東境ニ沿ヒテ其境界線ヲ引キ此線以東ヲ東部方言トシ，以西ヲ西部方言トスルコトヲ得ルガ如シ（『口語法調査報告書』上「口語法分布図概観」，表記を一部変更）

　この成果は，やはり1節に述べた東条操の「方言区画論」の構想に影響を及ぼしたものと思われる．国語調査委員会は明治41年（1908）に第2次の全国調査を実施し，その整理に東条も従事した．しかし，その調査結果は，大正8年（1919）の関東大震災で焼失してしまうという悲劇に見舞われる．

　このような国家規模の全国方言の調査と地図化は，世界的に見てもかなり早い時期での実施であり，高く評価される．ただし，全国の教育機関等を通した間接的な調査であったため，報告内容にむらがあるなど，調査方法や整理手続きに問題があったのも確かである．この問題は，後日の検証を阻むものであり，分布研究においても，概観的把握には有効であっても，一歩踏み込んだ研究に利用するにはかなりの制限を残すものであった．

(2) 『日本言語地図』

　第2次世界大戦後設立された国立国語研究所では，当初より全国を視野に入れた方言の記述研究を行っていた．それを発展させ，大規模なプロジェクトの下で地図集として展開させたのが『日本言語地図』（全6巻）である．この研究では，すべての地点において，研究所員もしくは研究所から依頼された各地の研究者による臨地調査が実施された．対象となる話者も調査終了時点で60歳以上の地点生え抜きの男性という条件で統一される．また，調査は全国2400地点にわたるが，地点の配分の均等化も考慮されている．このように国

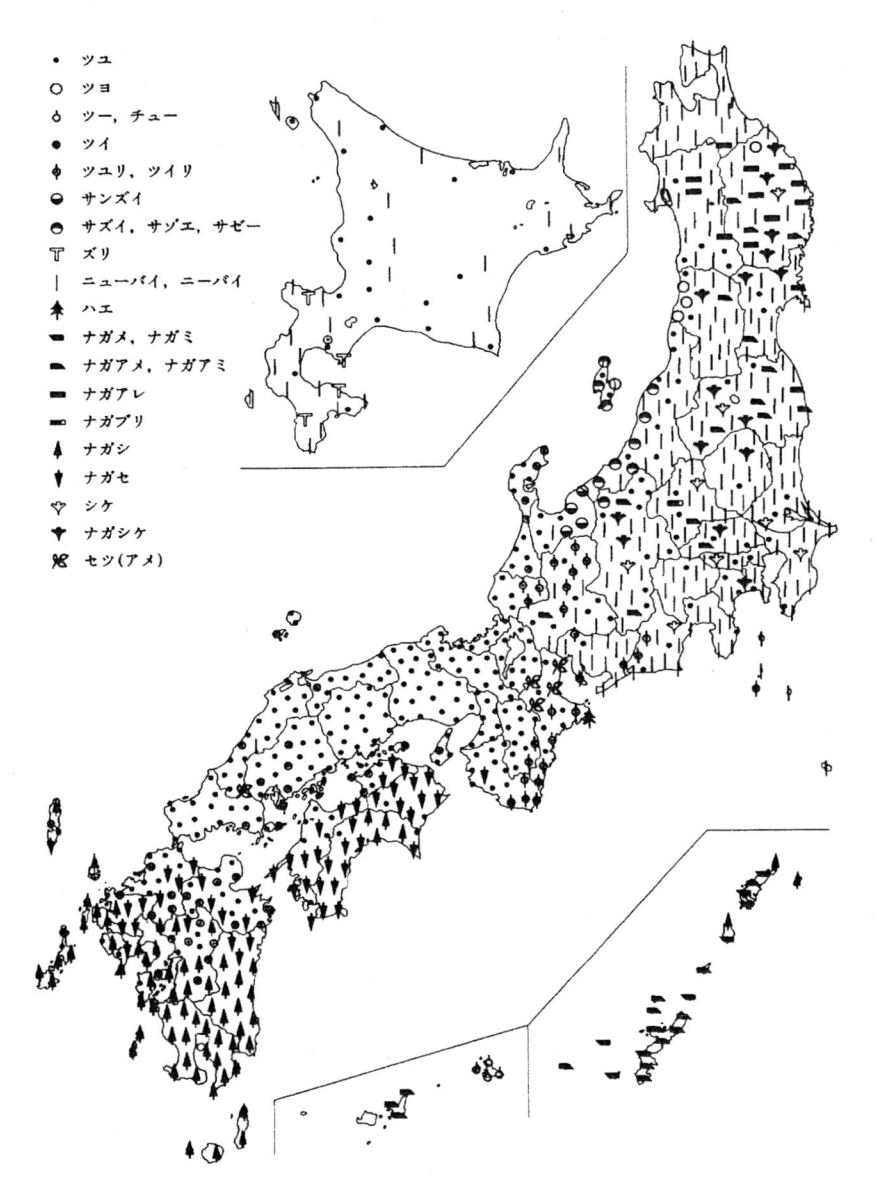

図 8.2　梅雨（佐藤亮一監修『方言の地図帳』(2002) より）

2. 方言の全国調査

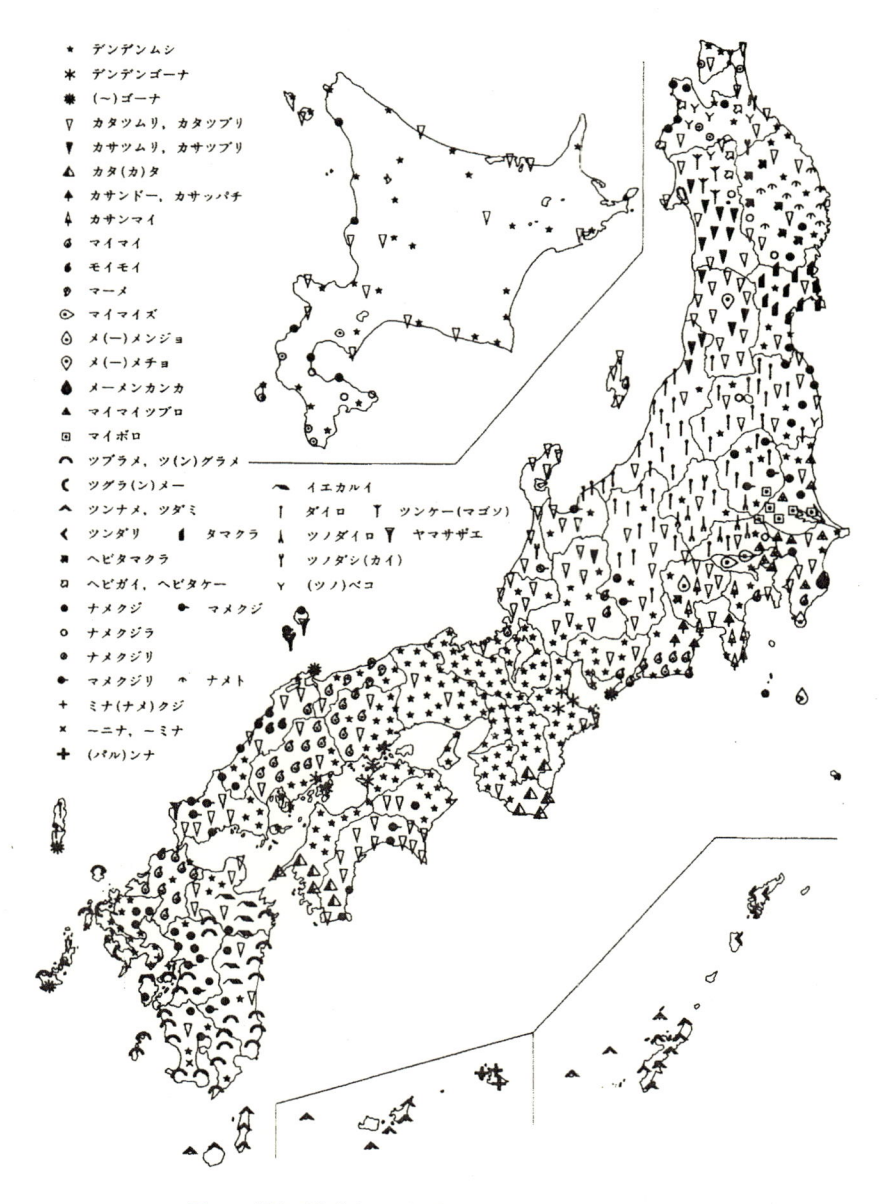

* デンデンムシ
* デンデンゴーナ
* (〜)ゴーナ
▽ カタツムリ, カタツブリ
▼ カサツムリ, カサツブリ
△ カタ(カ)タ
▲ カサンドー, カサッパチ
カサンマイ
マイマイ
モイモイ
マーメ
マイマイズ
メ(ー)メンジョ
メ(ー)メチョ
メーメンカンカ
マイマイツブロ
マイボロ
ツブラメ, ツ(ン)グラメ
ツグラ(ン)メー イエカルイ
ツンナメ, ツダミ ダイロ ツンケー(マゴシ)
ツンダリ タマクラ ツノダイロ ヤマサザエ
ヘビタマクラ ツノダシ(カイ)
ヘビガイ, ヘビタケー (ツノ)ベコ
ナメクジ マメクジ
ナメクジラ
ナメクジリ
マメクジリ ナメト
ミナ(ナメ)クジ
ーニナ, ーミナ
(バル)ンナ

図8.3 蝸牛（佐藤亮一監修『方言の地図帳』(2002) より）

語調査委員会の調査に較べて，格段に科学性を高めたものである．

編集の目的のひとつに標準語の基盤の解明が掲げられる．標準語は，関東方言を基盤としていることは間違いないが，必ずしもそうではない一面があることは，図8.2の「梅雨」の分布からもわかる．標準語形と見られるツユはむしろ西日本に広く分布する．

また，目的の中に方言の成立と語史研究の観点が盛り込まれる．特に後者は，「言語地理学」に展開する契機となった．「言語地理学」は，分布をもとに言語史を推定する研究方法である．これは，ヨーロッパで発展した方法・研究分野であるが，日本では1節でふれた柳田国男が『蝸牛考』において独自に編み出した考え方にさかのぼる．

図8.3には『日本言語地図』から「蝸牛（かたつむり）」の略図を提示する．この地図から「蝸牛（かたつむり）」を表す方言形（俚言）は，次のような分布を示していることが読み取れる．すなわち，東西の両極にナメクジ系の語が見られる．そして，その内側にツブリ系やカタツムリ系が見られる．デデムシ系は近畿を中心に分布しており，そのデデムシをとりまくようにマイマイ系が分布している．これは，歴史上長らく文化の中心地であった京都で「蝸牛」に次のような言語変化が起こり，それぞれが順次中心地から地方に向けて放射されたことが分布に反映されたものと考えられる．

　　ナメクジ系→ツブリ系→カタツムリ系→マイマイ系→デデムシ系

このように文化的中心地の言語変化が分布に映し出されたものとして方言をとらえる考え方が柳田国男による「方言周圏論」である．柳田国男による方言周圏論は，柴田武（1969）『言語地理学の方法』により一般理論化が進められる．同じ時期に『日本言語地図』による全国資料の展開に刺激されるように，各地でも分布調査が実施され，地域ごとの言語地図が多く作成される．理論的展開と豊富な資料が相まって，1970年代から1980年代にかけて，日本の方言学では，言語地理学が大きな潮流となった．

(3)『方言文法全国地図』

『日本言語地図』は，おもに語彙を中心とした地図集であった．これは，結果的に国語調査委員会の調査と棲（す）み分けることになった．しかし，国語調査委

2. 方言の全国調査　　　121

員会の調査は先にも述べたように十分には活用しづらい成果であった。そのため，言語の根幹にあたる文法の全国的状況がなかなか正確に把握できない状態が長く続くことになる．これを打開するのが国立国語研究所が『日本言語地図』に続いて調査・編集した言語地図集『方言文法全国地図』（全6巻）である．調査地点は800地点で，各地点の話者は調査時に65歳以上の男性で統一

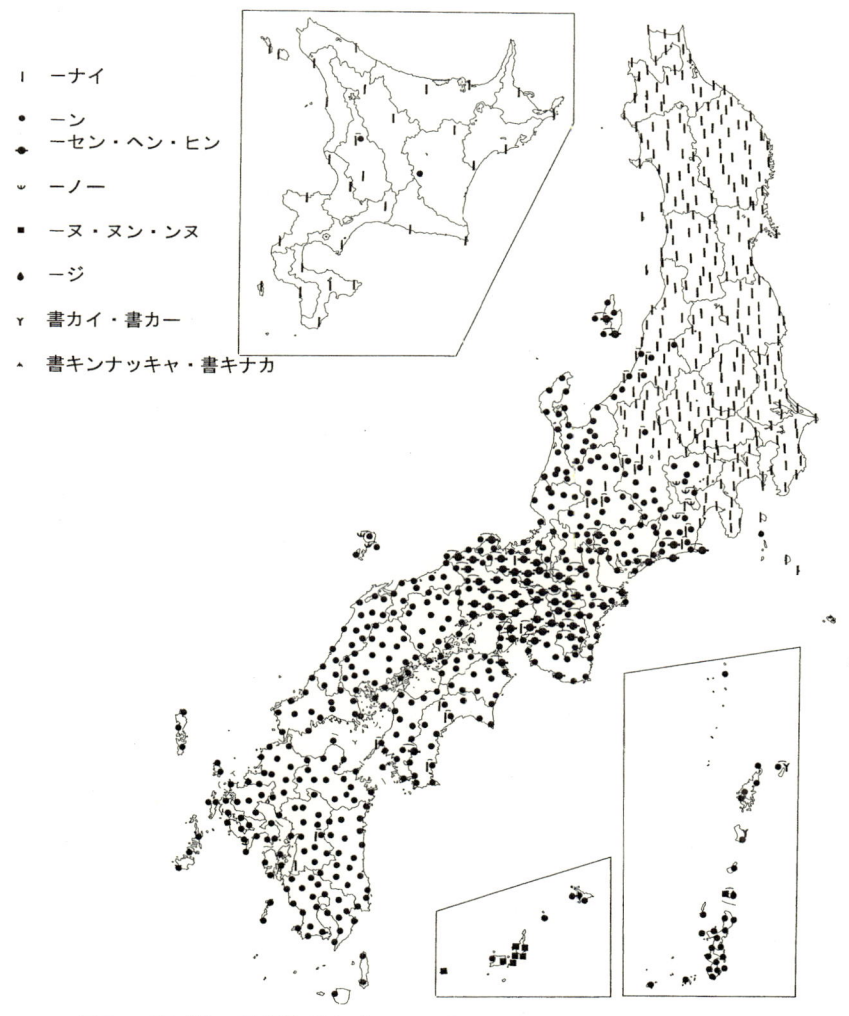

| −ナイ
• −ン
◆ −セン・ヘン・ヒン
⌣ −ノー
■ −ヌ・ヌン・ンヌ
◆ −ジ
Y 書カイ・書カー
▲ 書キンナッキャ・書キナカ

図8.4　打ち消しの助動詞「（書か）ない」（『方言文法全国地図』第2集80図より）

第8章 方言の現代

図 8.5 『口語法分布図』による打ち消しの助動詞「ない」

されている．

　図8.4には，『方言文法全国地図』から打ち消しの助動詞「(書か) ない」の略図を提示した．ここには明確な東西差が現れている．

　この図8.4に相当する項目は国語調査委員会による『口語法分布図』にもある (図8.5) ので，双方を較べてみることが可能である．

　図8.4と図8.5を較べてみると，時期的に約100年の隔たりがあるが，境界線の位置にあまり変動がないことが分かる．実は，興味深いことに，それぞれの調査の中間的な時期に，長野県諏訪地方出身の牛山初男が東西境界線の調査研究を独自に行ったことが知られている．時代の大きな変動の中でも東西の境界線に変動がないことを明らかにした研究として高く評価されていることは記憶にとどめておきたい．日本の方言学においては，このように地域の研究者がしばしば大きな役割を果たしてきた．

　『方言文法全国地図』は，地図集であると同時に，文法に関する全国資料の提示を目標のひとつとしている．助詞・活用からテンス・アスペクト・敬語まで，様々な方言文法データを地理情報とともにインターネット上で公開している (http://www.kokken.go.jp/hogen)．研究者それぞれの観点から，地図の描き直しも含めた利用が可能になっている．

3. 初等教育の中での方言

　近現代の社会の中で方言はどのように位置付けられ，扱われてきたのであろうか．これは，日本の近代化ならびにそれを達成した後の社会の動きと無関係に論じることができない．

(1) 忌避されてきた「方言」
　8.1節で述べた標準語の成立事情や2節で説明した国語調査委員会の調査趣旨からも理解されるように，明治維新以降，社会や国家全体として，近代的国家に見合う統一的標準言語としての標準語の確立が目指された．これは，ひるがえってみれば，個別の方言は，そのような目標のじゃまものであり，前近代の残滓（ざんし）とも映るものであった．

この考え方は，第2次大戦後の民主国家の中でも引き継がれる．例えば，昭和26年（1951）の『小学校学習指導要領』の中にも「読み物の文を読んだり，ラジオを聞いたりすることによって，自分の使っていることばの中に，方言，なまり，野卑なことばなどのあることに気づかせ，だんだんよいことばや，共通語を使わせていくようにする」と記載される．さらに，高度経済成長期の中で，都会に集中する人材にとって方言がコミュニケーションの障壁となり，時として，社会問題に発展することもあった．

以上のような方言に対する教育現場での対応の典型的な例として知られるのが「方言札」である．方言を話した生徒には方言札を首に掛けさせるというような指導が実際に行われていた．もっとも，全国が方言撲滅一辺倒だったというわけでもない．例えば，秋田県の西成瀬小学校の取り組みについては，日高水穂（2003）の研究がある．

(2) 価値観の転換

近代以降，「方言」は社会の前進に対する障害としてとらえられてきたわけであるが，20世紀も末になると価値観が大きく転換する．

その明確な証拠は，1993年に出された国語審議会（第19期）の最終報告に見られ，1995年11月の第20期の報告においても「方言の尊重」として，次のように記される．

> 方言は地域の文化を伝え，地域の豊かな人間関係を担うものであり，美しく豊かな言葉の一要素として位置付けることができる．「方言の尊重」とは，国民が全国の方言それぞれの価値を認識し，これらを尊重することにほかならない．

同報告は，さらに続けて，教育に関しても次のように記す．

> 学校教育においても従来，地域の現実に即して，共通語と方言の共存を図りつつ，適切な指導がなされているところであるが，今後も学校，家庭，地域社会等がこのような認識の下に更に方言に親しむための工夫をすることが望ましい．

これは前項に挙げた昭和26年の学習指導要領と較べるなら，まさに隔世の感のある変化である．そして，その背景には，忌避し続けた方言が，気づけば

消失の危機にさらされていたという事実がある．

4. 方言の現状と将来

　方言というものに対してどのような気持ちを寄せるだろうか．「親しみ」や「好意」を感じる人は少なくないだろう．しかし，それは，まさに現代的意識である．かつて方言は，石川啄木の有名な「故郷のなまりなつかし…」に代表されるような「郷愁」に，8.3節で述べたような「忌避」がないまぜになった複雑な感情を呼び起こすものだったのである．このような転換の背景には，方言の衰退がある．

(1) 衰退する伝統的方言

　国立国語研究所は，1950年から約20年間隔で山形県鶴岡市において，言語

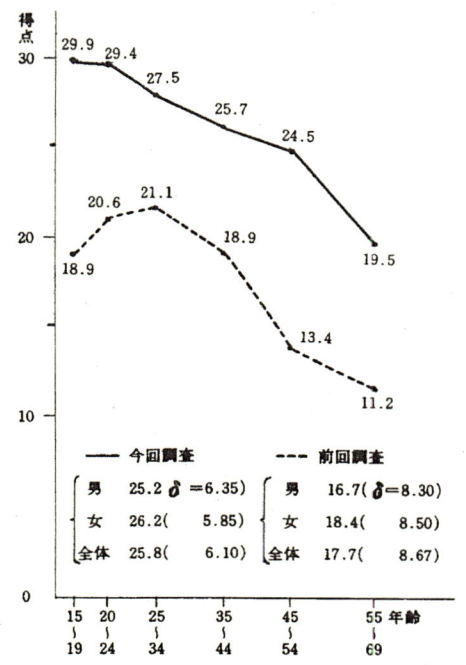

図 8.6　鶴岡市の音声の共通語化（国立国語研究所『地域社会の言語生活』(1974) より）

調査を行っている．その中から音声（発音）の共通語化について，1950年と1970年の調査とを比較して提示したのが，図8.6である．若い年代ほど共通語が多く現れるとともに，調査年代が新しい方が共通語化が進んでいることがわかる（得点が高いほど共通語化が進んでいる．今回＝1970年，前回＝1950年）．

これは，鶴岡市に限ったことではない．進み方に早い遅いの違いはあるにしても，全国的に共通語化は認められる．これは，かつてそこに存在していてあ

話者	生年	A	B	b	C
1	68	●	●	●	●
2	67	｜	●	●	｜
3	65	｜	｜●	｜	｜
4	65	●	●	｜	｜
5	65	●	｜	｜●	｜
6	65	｜	｜	｜	｜
7	64	●	｜	●	｜
8	64	｜	｜	｜	｜
9	64	●	●	●	●
10	63	●	｜	●	｜
11	63	｜	｜	｜	｜
12	62	●	●	｜	｜
13	62	｜	｜	｜	｜
14	61	●	●	｜	｜
15	60	｜●	｜	｜	｜
16	55	●	●	●	｜
17	54	●	●	｜	｜
18	54	｜●	｜	｜	｜
19	53	●	●	●	｜
20	53	｜●	●	｜	⌒
21	52	｜●	●	⌒	｜
22	51	｜●	｜	｜	｜
23	51	⌒●	｜	●	｜
24	51	●	●	｜	｜
25	49	●	●	●	⌒
26	48	●	｜	｜	｜
27	48	●	●	｜●	｜
28	47	●	●	●	｜
29	43	●	●	●	｜
30	43	｜●	●	｜	｜
31	42	｜●	●	｜	｜
32	42	●	●	｜	｜
33	41	｜	｜	｜	｜
34	41	●	●	●	｜
35	41	｜●	｜●	｜	｜

話者	生年	A	B	b	C
36	40	●	●	｜	｜
37	39	●	●	●	｜
38	38	●	●	⌒	｜
39	37	●	●	●	●
40	36	●	｜●	●	｜
41	34	｜●	●	｜	｜
42	33	●	｜	｜	｜
43	33	｜●	●	●	｜
44	32	●	●	●	｜
45	32	｜	｜	｜	｜
46	31	●	●	●	●
47	31	｜●	●	｜	｜
48	31	｜●	●	｜	｜
49	31	●	●	｜	｜
50	28	●	●	｜	｜
51	28	●	●	●	｜
52	26	｜●	｜	｜	｜
53	26	｜●	｜	●	｜
54	25	●	●	●	｜
55	23	●	●	●	｜
56	22	●	●	●	｜
57	21	●	●	｜	｜
58	21	●	●	｜●	｜
59	16	｜	｜	｜	｜
60	16	｜●	／	｜	｜
61	16	●	●	●	｜
62	14	｜●⌒	｜	｜	｜
63	13	●	●	●	｜
64	13	●	●	●	｜
65	12	●	●	●	｜
66	11	●	●	●	●
67	11	｜●	｜	｜	｜
68	09	●	●	｜	｜
69	08	｜●	●	●	｜
70	07	●	●	｜	｜

凡例
●：ウダル　A：なぞなぞ式　b：中位場面　／：未調査
｜：ステル　B：下位場面　C：上位場面
⌒：別表現

図8.7　山形県三川町における「捨てる」（佐藤亮一『生きている日本の方言』(2001) より）

たりまえだった．そして，先祖から綿々と受け継がれてきた伝統的方言が，確実に消失に向かっていることにほかならない．

(2) 使い分けの時代へ

確かに方言は衰退してきている．これは間違いではない．しかし，単純に使用率0に向かっているかというと，事実は異なる．

図8.7は，山形県三川町で場面ごとに「捨てる」ことをどのように言うかを調査した結果である．これで分かるように，世代に限らず，上位場面で（図のC，東京の駅員に向かって）は共通語形のステルが使われることがほとんどだが，下位場面で（図のB，親しい友人に向かって）は伝統的方言形（俚言）のウダルが多く用いられている．

つまり，全国的に共通語が多く用いられてきていることは，確かであるが，これが即，各地の言語生活全体を共通語あるいは標準語が支配することを意味するものではないということである．すなわち，「方言か共通語か」という択一的な状況ではなく，「方言も共通語も」という使い分けの中で，方言は生き続けていることを意味する．

とは言え，伝統的方言が衰退していることに変わりはない．『日本言語地図』に見られた語彙の多様性や『方言文法全国地図』で確認される狭小な地域にのみ存在する歴史の足跡（例えば，連体形／終止形の区別）のようなものは，そう遠からず失われていくものと予想するに難くない．そのような中で現在を確実にまた正確に記録・記述することは，方言研究を志すものすべてに課せられた義務である．

9. 文体の現代

1. 口 語 文

　八代将軍吉宗の洋学書の解禁以降，オランダ語の研究が進むようになると，「(オランダでは) 常話モ書籍ニ著スヿモ同様ニテ別ニ文章ノ辞ト云モノナシ」(大槻玄沢『蘭学階梯』天明8年〈1788〉)との認識が持たれるようになり，訳文でも『道訳法爾馬(ドゥーフハルマ)』(文化13年〈1816〉)の中で「デアル，デアッタ，デアラウ」などが試みられた．幕末にはアメリカ人宣教師 S. R. Brown の日本語文法書『日本語会話』(*Colloquial Japanese*, 文久3年〈1863〉)において，「～ゴザリマス」等の談話体の例文が挙げられた．また心学道話や平田篤胤の講話でも「ございます」等の談話体が用いられた．文章のスタイルとはいえぬまでも，明治以前すでに，俗語体や会話体は登場していた．そして，洋学者の中から言文一致体の議論が生まれてくる．幕府開成所にあった前島 密(ひそか)は慶応2年(1867)，将軍慶喜に「漢字御廃止之儀」なる建白書を提出した．前島はここで，西洋のアルファベットは26文字ですべてが書き表せるのに対して，漢字は字数が多くそのため日本の学童は文字学習に労力が割かれ，「事物の道理」を学習する余力がなくなってしまうから，日本語の文字表記も表音文字(かな文字)にすべきだ，と主張した．これは表記法についての主張であるが，日本語の文章を簡便にしようという意図は，俗語体で文章を綴るという主張に通底している．明治時代に入って言文一致体は西周・渡辺修次郎らによって議論され，俗語体，会話体の文章も試みられるようになる．

1. 口語文

　啓蒙思想家，加藤弘之は談話体（「ござる」体）で思想を説いた．

　　頑六　ナント才助君．僕には一向合点の参り申さぬことがござる．今度御公儀と申す者がなくなつて．天下の御政事は天子様でなさる様になつたから．是迄御公儀で御可愛がりなさつた醜夷等は．直に御払攘になるだろうと思て．楽で居ましたら．矢張以前の御公儀と同じことで．加之大坂や兵庫にも交易場が御開きになり．又東京でも交易を御開きなさるといふは何たることでござろう．どふも此頑六抔には．一向合点が参り申さん．（『交易問答』明治2年〈1869〉）

　啓蒙思想では他に，西周の『百一新論』（明治7年〈1874〉）でも「ござる」体が用いられている．また加藤祐一・小川為治らの文明開化の解説書でもやはり「ござる」体が用いられている．民権思想家，植木枝盛も『民権自由論』（明治12年〈1879〉）で談話体（「ござる」）を用いた．

　初等教育の教科書にも，「私は頭の髪をよく梳きます○あなたは足を清く洗ひなさるか○～（井出猪之助編『小学会話之捷径』明治7年〈1874〉）」等と，談話体が取り入れられたが，それは方言矯正を意図し，話し言葉を訓練するためのものであって（「会話」という教科がそれに当る），文章として教育されたのではなかった．

　いわゆる「小新聞」でも談話体が用いられた．『読売新聞』明治7年（1874）11月2日創刊号の「稟告」で「此新ぶん紙は女童のおしへ」を目的とし「誰にでも分るやうに」書くとあり，「布告」の解説も「ござる」体を用いている．

　　毒薬といつても用ひ所で病にきくものゆゑ薬種屋にも有るのでございますが何れもはげしい薬だからもし間違へば人の一命にもかゝることゆゑ　政府でも間違ひのないやうにと御世話が有るので御座います（明治7年〈1874〉11月2日）

　以上の「口語文」は，二葉亭四迷，山田美妙，尾崎紅葉らが言文一致の創作を試みる以前のものであるが，俗語・口語のスタイルで語った点，そしてそれが多くの人々に対して訴えかける方法であった点で彼等の活動を準備したということができる．一方で，近代的な文章のスタイルとしては，これら「口語文」は談話体的な要素が強すぎた．つまり，眼で読まれ理性で了解される〈認識の言語〉にまで練り上げられる必要があったのであり，この課題は明治20

年代以降の言文一致運動に持ち越されることになる．

2. 普通文

　普通文は，明治から大正にかけて行われた文語文法による文章である．これは，漢文訓読的文章を基盤にしながらも，俗語や雅語を取り入れ，通俗化を図ったものである．普通文は，日記，随筆，文芸，さらには新聞や雑誌の記事などさまざまな場面で行われ，文体もそれぞれであるが，おおよそ美文調の文芸的文章と，実用的な評論的文章にわけることが出来るであろう．

　　美はしき物の例へにも，月花とぞ云ふめる．まことに月夜の美感を讃ふるにふさはしき言葉は，この世に幾何もあらざらむ．人はたゞ詩人の筆の短かきを恨みとすべきなり．
　　今や秋も末になりて，蟲の聲も絶え絶えなり．人は三秋の月夜を如何に過ごしけむ．試みに過去の情を緬想して，吾等と共に月夜の美感を考ふる，亦可ならむ乎．（高山樗牛「月夜の美感に就いて」明治32年〈1899〉）

　　春日野に時雨ふる見ゆ明日よりは紅葉かざさむ高圓の山と，萬葉歌人の詠じけむ，高圓山麓に荼毘して，遺骨は東京市外，堀内村常仙寺に葬る．五十日迄はとて，位牌を舊棲居の床の間に安置して，晝夜燈火と線香とを斷たず．春はいつしか庭に入りて，窓前の梅咲きそめ，鶯來り鳴くこと頻り也．都のかたほとり，人家たてこみたれど，鶯はなほ舊を忘れざるにや．雀や鴉の聲のみ聞きなれたる耳に，いとなつかし．それにつけても忍ばるゝは，雨江の人となり也．雨江を譬ふれば，梅に啼く鶯也，人家の間に食をあさりまはる雀や鴉にはあらざる也．（大町桂月『懷舊録』，鹽井雨江は大正2年〈1913〉年に死去，これはその追悼文である）

　これらの文章が文芸的表現を意図し，華やかな美文となっているのに対して，評論の文章はより簡素で実用的である．その基は福沢諭吉らにある．啓蒙思想家である福沢は，蘭学者の師，緒方洪庵の教えに従い「難解の文字を避て平易を主とする」ような「世俗通用の俗文」をもって著作を試みた．それは，明治初頭の漢文調の流行に対する抵抗でもあった．

　　天は人の上に人を造らず人の下に人を造らずと云へり．されば天より人を生ずる

には，萬人は萬人皆同じ位にして，生まれながら貴賤上下の差別なく，萬物の靈たる身と心との働を以て天地の間にあるよろづの物を資(と)り，以て衣食住の用を達し，自由自在，互に人の妨をなさずして各安樂に此世を渡らしめ給ふの趣意なり．されども今廣く此人間世界を見渡すに，かしこき人あり，おろかなる人あり，貧しきもあり，富めるもあり，貴人もあり，下人もありて，其有様雲と坭(どろ)との相違あるに似たるは何ぞや．其次第甚だ明なり．實語教に，人學ばざれば智なし，智なき者は愚人なりとあり．されば賢人と愚人との別は學ぶと學ばざるとに由て出來るものなり．（福沢諭吉『学問のすゝめ』明治5-明治9年〈1872-1876〉）

『学問のすゝめ』は教科書が自由採択制であった当時，テキストとしても採用され，当時のベストセラーだった．他に福地桜痴（源一郎）は『東京日日新聞』の主筆として健筆を振るい，德富蘇峰は雑誌『国民之友』，新聞『国民新聞』を発刊し紙上で政治を論じたが，これらの文章も実用的な普通文である．新聞（大(おお)新聞）の記事や社説は普通文で書かれた．小説が明治40年代に入ると一斉に言文一致体に移行したのとは対照的に，大新聞の記事は大正期に入っても普通文であった．

3. 欧文直訳体

西洋の文献の翻訳は江戸時代に，蘭学者や，幕府の機関（洋学所→蕃書調所→開成所と改名）によって行われていたが，学術的な著書から通俗的な読み物まで，質量とも圧倒的に増加するのはやはり文明開化以降である．

文学作品では明治11-12年（1878-1879）に，丹羽（織田）純一郎がEdward Bulwer-Lyttonの"*Ernest Maltravers*"と続編"*Alice*"を翻訳した『欧州奇事花柳春話』が刊行された．これは乱訳，豪傑訳などと呼ばれ，あまり原文に忠実ではないが（特に後半），世間的には好評を博し，以降，『新説八十日間世界一周』（Jules Verne，川島忠之助訳，明治13年〈1880〉），『春風情話』（Scott，坪内逍遙訳，明治13年〈1880〉）など文学作品の翻訳が続々と刊行された．文体の多くは，漢文訓読調であった．

爰(コゝ)ニ說キ起ス話柄ハ市井ヲ距(サ)ル丁凡ソ四里許ニシテ一ツノ荒原(コウゲン)アリ．綠草繁茂(クサボウ〜)，怪石突兀(クワイセキトツゴツ)，滿眼荒涼トシテ四顧(シコ)（シハウ）人聲ナク恰モ砂漠(アタカ)(サバク)

ノ中ヲ行クガ如ク唯悲風ノ颼々トシテ草蕪ニ戰グヲ聞クノミ．寂寞ノ惨景（カナシキケシキ）云フベカラズ．人ヲシテ覺ヘズ慄然（ゾツト）タラシム．四時既ニ此クノ如シ．況ンヤ冬陰黯淡（マツクロ）物色ヲモ分ツベカラザル暗夜ヲヤ．寒風蕭々時ニ過ギ凍風烈々地ニ吼ビ唯ダ平蕪荒漠ノ間 遙ニ一製造所ノ孤燈明滅（キエ〰）タルヲ見ル．火花ハ濕ヲ帶ビテ焰青ク影暗ク其凄愴ノ情ハ燐火（ヒトダマ）ノ古戰場ニ燃ルニ異ナラズ（カッコ内は左ルビ）（『欧州奇事花柳春話』）

なお，『欧州奇事花柳春話』は明治16-17年（1883-84）に改訳され，『通俗花柳春話』として再刊された．これは，「婦女児童」にも読めるように配慮したものであり，文体も馬琴調の和文体となった．

都なす街巷を距ること四里許り最と廣漠なる荒原あり綠草は背丈に生茂り行歩る路さへ絶續に往來ふ人は稀にして唯聞ものは吹風の草葉に戰く音ばかり其荒凉き慘景は外に譬んやうがなし況て頃しも冬の夜の白黑も知らぬ烏羽玉の暗の折柄降しきる雨を誘ふて吹風に野末の草の間隙より遙かに見ゆる燈火は誰が住む家か知らねども滅ては明る其狀は燐火の光に異ならず

思想，学術関係の著作も数多く翻訳された．その代表的なものは中村正直の翻訳であろう．中村正直（敬宇）は幕府反訳方で洋学を修め，明治維新以後は明六社のメンバーとして西洋思想の啓蒙につとめた．『西國立志編』（明治4年〈1871〉，Samuel Smiles "*Self Help*" の翻訳）と『自由之理』（明治5年〈1872〉，John S. Mill "*On Liberty*" の翻訳）が特に有名である．

加利列窩ヨリ以前ノ人ト雖ドモ．懸リタル物ノ同ジ速ニ搖擺（ウゴキフル）スルヲ見タルモノ多クアルベシ．然レドモコノ實事ノ用アルコヲ査出（ミイダス）セルモノハ．加利列窩ヲ始メトス．加利列窩畢撒ノ寺院ニ在テ．一日寺院ノ人．屋檐（ノキ）ニ掛ル燈ニ油ヲ添ヘケルガ．ソノマヽニ棄テ置キケレバ．燈ハ搖動シテ巳マザリケリ．加利列窩コノ時 僅ニ十八歲．子細ニコレヲ注視（ミツメ）シケルガ．コレニ由リテ遂に搖擺（サゲフリ）器ヲ用ヒテ時ノ遲速ヲ測ルコヲ得ベシト．心ニ想ヒ起セリ．然レドモ．コレヨリ後．五十年ノ勞苦學習ヲ經テ．ソノ搖擺器始メテ十分ニ成就シテ．時限ヲ測リ．天文ヲ筭スル必用ノ器トハナリニケリ．（注，カッコ内は正直の文章では左ルビである）（『西國立志編』初版 第五編 五 加利列窩，搖錘（トケイノフリ）ヲ創造セシ事）

3. 欧文直訳体

　Many before Galileo had seen a suspended weigh swing before their eyes with a measured beat ; but he was the first to detect the value of the fact. One of the vergers in the cathedral at Pisa, after replenishing with oil a lamp which hung from the roof, left it swinging to and fro ; and Galileo, then a youth of only eighteen, noting it attentively, conceived the idea of applying it to the measurement of time. Fifty years of study and labour, however, elapsed before he completed the invention of his pendulum, ―the importance of which, in the measurement of time and in astronomical calculations, can scarcely be over-rated.（原文）

　正直訳はほぼ原文に忠実である．文体は漢文訓読調であり，語彙的に見ると「査出」「揺擺」など，今日あまり見慣れないものもあるが，これは英華辞典から引いたもので，左ルビで意味を説明している．
　漢文訓読体による翻訳的な語法は，日本語の文章創作にも適用された．明治20年代以降，小説家をはじめとする文章の書き手達は，雅俗折衷の文語文（普通文）と言文一致体とを問わず，「彼」(he)，「かの女」(she)，「……の所の」（関係代名詞），「(……スル) や否や」(as soon as)，「……すべくあまりに」(too ... to 〜)，「……かの如く」(as if) 等，欧文翻訳調の語法を自家薬籠中のものとして使いこなしていったのである（森岡健二氏によるとこうした語法は，一般の翻訳書よりも，むしろ外国語の学語書の影響によるものだという）．夏目漱石が同時代の文章について，「西洋の思想で考へた事がどうしても充分の日本語では書き現はされ」ず，それは「日本語には單語が不足」で「說明法も面白くないから」だとしつつ，一方で「何々かの如く」などの「飜譯的な方法」はなかなか便利で「今後もづん／＼新しい方法が出來るであらう」としている．つまり，物事を微細に分析したり立体的に構成したりする西洋語的な展開力が日本語に欠落しているのである．「認識の言語」としての言文一致体の骨格を作る上で，欧文翻訳調の語彙・語法，そして思考法が利用され，さらに明治40年代においても新たなものが必要とされていたことを伺わせる証言である．

4. 言文一致体

(1) 前　期

　先に挙げた「口語文」は語法的には言文一致体の文章を準備したものといえる．また，福沢諭吉の「世間通用の文章」も，社会の多くの人に訴えるという意味で，言文一致体と理念が共通する．しかしこれらの文章の目的が，啓蒙のためであるとか，日本語の会話を理解するためであるとかであり，つまり俗語を用いるのが一種の方便に止まっている．清水卯三郎は『ものわり　の　はしご』(明治7年〈1874〉)において，「である」体で自然科学を平明簡素に説いており，文体的には談話体を脱しつつあるといえるが，やはりそうした文体の目的も教育・啓蒙であった．一方，小説の創作にしても，国定尋常小学読本の文章にしても，言文一致体の意図するところは，国民的な文章を創造することであった．したがって，単に言と文とを一致させるというのではなく，文が一致すべき言（口語）は，国民語の資格を持っていなければならなかった．そこで，言文一致体の創造は，口語における国民語の創出運動である「標準語運動」と連動することになる．明治30年代半ば以降，本格的に言文一致体の小説が書かれるようになり，明治40年代に入るとすべての小説が言文一致体となるが，一方口語，及び口語に対する政策を見てみると，上田万年が「標準語のめあて」とする東京の教養ある人々の言葉，山の手の言葉が成立するのが明治30年代であり，標準語推進のために政府が国語調査委員会を設けたのが明治35年（1902）で，そこで「言文一致体」を文章の標準とする方針が打ち出されている．さらに明治37年（1904），第一期国定尋常小学読本が使行され，そこで言文一致体が採用されている．夏目漱石，森鷗外，島崎藤村といった作家達はこうした社会環境の中で創作を行ったのである．

　坪内逍遙は『小説神髄』(明治18-19年〈1885-86〉)で小説の目的が「勧善懲悪」ではなく，「小説の主脳は人情なり．世態風俗これに次ぐ」とし，ありのままの心理や社会を描くことが小説の主眼なのだと説いた．ただし，文体の面では，雅文では軟弱過ぎるが俗文では品格の面で問題があるから，両者を配合した雅俗折衷体がよく，雅俗の配合の仕方が問題なのだとしている．実際，逍

4. 言文一致体

遙自らの創作『当世書生気質』(明治 18-19 年〈1885-86〉)の地の文は，江戸の戯作と同じく俗語を取り入れつつも基本的には雅文体(古典文法の文体)である．

　二葉亭四迷は，逍遙の小説理念を受け継ぎつつも，地の文を口語体で書こうと試みた．『浮雲』(明治 20-22 年〈1887-89〉)の後日談で四迷は「国民語の資格を得ていない漢語は使わない」と述べている．「国民語」で語るという理念は，明治 30 年後半以降の言文一致体の作家達を先取りしている．しかし二葉亭四迷が『浮雲』を書いた時期には，いまだ山の手言葉は成立していず，標準語政策も始動していなかった．文章について「皆目方角が分らぬ」四迷は，坪内逍遙に勧められ三遊亭円朝の人情話のスタイルを参考にした．三遊亭円朝は幕末から明治にかけて活躍した落語家で，明治 17 年 (1884)，若林玵蔵による速記本『牡丹燈籠』が爆発的な反響を呼んだ．円朝の語りは写実的で上品な江戸弁であり，四迷や山田美妙の言文一致体の参考になった．

　寛保三年の四月十一日，まだ東京を江戸と申しました頃，湯島天神の社にて聖徳太子の御禮祭を致しまして，その時大層参詣の人が出て群集雑沓を極めました．こゝに本郷三丁目に藤村屋新兵衞といふ刀屋がございまして，その店先には良い代物が列べてある所を，通りかゝりました一人のお侍は，年の頃二十一二とも覺しく，色あくまで白く，眉毛秀で，目元きりゝつとして少し癇癪持と見え，鬢の毛をぐうつと吊り上げて結はせ，立派なお羽織に，結構なお袴を着け，(『怪談牡丹燈籠』一)

　文末表現は「ございます」を用いる．このスタイルは，「口語文」の項でも指摘したとおり，心学道話などの一般的なスタイルであった．しかし四迷は，円朝の語りのリズムを取り入れつつも，丁寧な語り口は退けた．

　翌朝に至りて兩人の者は始めて顔を合はせる．文三はお勢よりは氣まりを惡がッて口數をきかず．此夏の事務の輳掌さ，暑中休暇も取れぬので匆々に出勤する．十二時頃に歸宅する．下坐舗で晝食を濟して二階の居間へ戻り，「アゝ熱かった」ト風を納れてゐる所へ，梯子バタ〳〵でお勢が上つて参り，二ツ三ツ英語の不審を質問する．質問して仕舞へば最早用の無い筈だが，何かモヂ〳〵して交野の鶉を極めてゐる．頓て差俯向いた儘で鉛筆を玩弄にしながら(『浮雲』第一篇，三)

山田美妙は『武蔵野』(明治20年〈1887〉)では「だ」体だったが『胡蝶』(明治22年〈1889〉),『白玉蘭』(明治24年〈1891〉)では丁寧体を採用した.

> 黒江徹(くろえとほる)の性質ハ最上の出來でも有りませんでした.素(もと)より下根(げこん)の方でも無し,と言って上根神妙(じょうこんしんめう)とハまた以て決して言へず,要するに普通の人間,拾へば疵(きづ)ハ有りました.果斷と敏捷(びんせう)とハ其長處でした.酷(ひど)く評すれバ處世上手の當世才子,人の目顔を悟る事は待合や船宿の苦勞人も及ばず,一つハそれが出身の大原因とも爲つたので,むしろ人に恐れられるより可愛がられる方でした.(『白玉蘭』第二)

言文一致体の創造において,特に問題になったのは文末表現であった.日本語の文末表現は,「でござんす」「でげす」「でありんす」など特定の人物像をイメージさせ,その人物の語りを聞いているような印象を与える.談話体の「ござる」も武家言葉的であった.つまり国民的な,中立的な文末表現が困難であり,そのために初期に言文一致体を試みた作家達は苦慮することになった.四迷の「だ調」,美妙の「です調」の他,嵯峨の屋おむろの「であります調」,尾崎紅葉の「である調」,若松賤子訳の『小公子』(明治23-25年〈1890-92〉)の「有(あり)ませんかった」等はそうした試行錯誤の現れである.

明治20年代に起こった言文一致運動は,しかし以降暫らく停滞することになる.二葉亭四迷はもっぱら翻訳活動に移り,尾崎紅葉は雅俗折衷体に回帰してしまう.理由としては,言文一致のめあてになるべき「言」がいまだ成立してないことに加えて,心理や社会を描写すべき認識の言語として言文一致体が社会的に未成熟であったことが考えられる.二葉亭四迷も翻訳においては,今日の小説とさほど変わりのない文体を用いている.

> 秋九月中旬といふころ,一日自分がさる樺の林の中に座してゐたことが有ッた.今朝から小雨が降りそゝぎ,その晴れ間にはおり〳〵生ま煖かな日かげも射して,まことに氣まぐれな空ら合ひ.あわ〳〵しい白ら雲が空ら一面に棚引くかと思ふと,フトまたあちこち瞬く間雲切れがして,無理に押し分けたやうな雲間から澄みて怜悧(さと)し氣に見える人の眼の如くに朗かに晴れた蒼空(あをそら)がのぞかれた.自分は座して,四顧して,そして耳を傾けてゐた.(二葉亭四迷訳,I. S. Turgjenjev 著『あひびき』明治21年〈1888〉)

しかし日本の風俗や人情を描写するときには認識の言語を手放さざるを得なくなる．言文一致体が成立するには標準語の成立に加えて，作者の語りの声に身を任せるのではなく，黙読する近代読者層の成立が必要であり，さらにそれを支える，教育，出版，メディアの発達が必要であった．

(2) 後 期

明治30年代後半，山の手言葉の成立と期を同じくして小説は本格的に言文一致体に移行する．ところで山の手言葉とはいかなるものか？　仮名垣魯文の『<ruby>假名片言<rt>かなかたこと</rt></ruby><ruby>讀附<rt>よみつけ</rt></ruby>訛語雑字俗用集』(『西洋道中膝栗毛』(明治3-9年〈1870-76〉)所収)では同じ漢語がいろいろな読まれ方をする例を「一枚（イチマイ/いちめへ）」，「私（ワタクシ/わつち）」等と挙げる（左側が左ルビ，右側が右ルビ），中村通夫氏は左ルビの方が「教養を予想するもの」とし，「明治初年の東京における口頭語は，それ自身のうちに規範を求めることを得ずして，かえってこれを他に求めんとしていた」とする．「他」とは例えば漢語であり翻訳語である．これに従えば，山の手の言葉は書き言葉によって鍛えられて成立した言語であったわけである．

夏目漱石の『吾輩は猫である』は明治38-39年（1905-06）に雑誌『ホトトギス』に連載され，諧謔の利いた俳文的文章で大好評を得た．初期の漱石の文章は俳文的で，時に低回趣味と批判されたが，文の構造は欧文翻訳的である．

> しばらくは爺さんの方へ氣を取られて他の化物の事は全く忘れて居た<u>のみならず</u>，苦しさうにすくんで居た主人<u>さへ</u>記憶の<ruby>中<rt>うち</rt></ruby>から消え去つた時突然流しと板の間の中間で大きな聲を出すものがある．見ると紛れもなき苦沙彌先生である．主人の聲の<ruby>圖<rt>づ</rt></ruby>抜けて大いなる<u>のと</u>，其濁つて聽き苦しい<u>のは</u>今日に始まつた<u>事ではない</u>が場所が場所<ruby>丈<rt>だけ</rt></ruby>に吾輩は少からず驚ろいた．是は正しく熱湯の<ruby>中<rt>うち</rt></ruby>に長時間のあひだ我慢をして<ruby>浸<rt>つか</rt></ruby>つて居つた爲め<ruby>逆上<rt>ぎやくじやう</rt></ruby>したに相違ないと咄嗟の際に吾輩は鑑定をつけた．<ruby>夫<rt>それ</rt></ruby>も單に病氣の所爲なら咎むる事もないが，彼は逆上しながらも<u>充分本心を有して居るに相違ない事</u>は，何の爲に此法外の<ruby>胴間聲<rt>どうまごゑ</rt></ruby>を出したかを話せばすぐわかる．

「〜のみならず〜さへ」は "not only 〜 but also" の，「〜のと，〜のは，〜事である」は "it 〜 that" 構文の骨法であろう．「逆上しながらも」は

"though 〜"の語法を思わせる.「本心を有している」は無生物の目的語である.「〜に相違ない事は〜」もまた"that"節を連想させる.

　この後の漱石の小説は,こうした認識の言語を保ちつつ俳文的要素を落として人間の心理を描き出すようになる.次の一節は『それから』(明治42年〈1909〉)の結末部,父から見捨てられ窮地にたった代助がほとんど精神に異常をきたす場面であるが,「猫」が冷静な人間の観察者であるのに対して,これは代助の心象風景である.

　忽ち赤い郵便筒(いうびんづゝ)が眼に付いた.すると其赤い色が忽ち代助の頭の中に飛び込んで,くる〳〵と回轉し始めた.傘屋(かさや)の看板に,赤い蝙蝠傘(かうもりかさ)を四つ重ねて高く釣るしてあつた.傘(かさ)の色が,又代助の頭に飛び込んで,くる〳〵と渦を捲いた.四つ角(かど)に,大きい眞赤(まつか)な風船玉を賣つてるものがあつた.電車が急に角を曲るとき,風船玉は追懸(おつか)けて來て,代助の頭に飛び付いた.小包郵便を載せた赤い車がはつと電車と摺れ違ふとき,又代助の頭の中に吸ひ込まれた.烟草屋の暖簾(のれん)が赤かつた.賣出しの旗も赤かつた.電柱が赤かつた.赤ペンキの看板がそれから,それへと續いた.仕舞には世の中が眞赤(まつか)になつた.さうして,代助の頭を中心としてくるり〳〵と焰の息を吹いて回轉した.代助は自分の頭が焼け盡きる迄電車に乘つて行かうと決心した.

　漱石,鷗外,さらには藤村,田山花袋,志賀直哉,芥川龍之介らによって,言文一致体は分析の言語,認識の言語として発展を遂げた.しかし言文一致体が漢語,翻訳語の素地の上に成立したとするならば,漢語や翻訳語を学び得ない階層にとって,それは口語と隔絶したものになるはずである.ベランメエ言葉や地方の方言,子供や女性のことば,そして落語・講談・浪花節等の語りの文化は言文一致体にはなじまないものであった.柴田武氏は標準語教育の方言話者への影響について,「方言札は方言を封じこめることには成功した.しかし,それは,方言を口にしないようにさせただけではなく,ものをいわないようにもさせた」と指摘しているが,文章論的に言えば,これは,書き言葉の世界から方言や語りなどを排除したことを意味する.方言による文章表現としては,谷崎潤一郎の『卍』(昭和3-5年〈1928-30〉,関西弁)や,無着成恭編『やまびこ学校』(初版昭和26年〈1951〉,山形弁)などがあるが,大勢から見れば寥々たるものである.言文一致体が認識の言語として磨き上げられてゆく過程

では多くの犠牲も払われた．

5. 現代の文章

　戦後になって，民主化，個人主義の流れを受けて，日本語の文章表現も変貌を遂げた．言文一致体が国民語という公的という側面を持っていたのに対して，よりパーソナルな言語（話し言葉的表現，方言，スラング）が文章世界に現れるようになった．無論いわゆる言文一致体で書かれる文章も数多いが，次のような例は今日の文章がそこからいかに遠く隔たったかを思わせるものである．

　誰を愛したのか知らないけど，ぼくの母は，ぼくを産み，自分好みに，ぼくを育てた．母の父親，つまりぼくの祖父と，おもしろがって，ぼくを育てたように思える．もちろん世間の荒波というやつをくぐり抜けて，大変な苦労をして来たのだろうが，その苦労がちっとも身についていないのだ．週末には化粧をして，派手なドレスを着て，ぼくに誉め言葉を強要した後，男と出掛けて行く．祖父は祖父で，散歩の途中に出会うおばあちゃんに，しょっ中恋をして，ぼくに相談を持ちかける．デートの前など，ぼくのヘアムースを勝手に使いおめかしをするのだ．もう髪の毛なんかないくせに．（山田詠美「ぼくは勉強が出来ない」平成3年〈1991〉）

　全共闘ってね，結局なんだったのかっていうことをね，一言で言ってしまっていいと思うのね．一言で言ってしまうとね，みんなが怒るから言わなかったっつうところもあるんだけど，あれは「大人は判ってくれない」ですよね．それだけなんですよね．「大人は判ってくれない」で，なんか二年くらいドタバタやってた．で，「大人は判ってくれない」と言ってた彼らは，何を判ってもらいたかったんだろうか，っていうこともあんですよね．で，何を判ってもらいたかったんだろうかっていうと「"大人は判ってくれない"と言って僕達がドタドタ叫んでいる，そのことを判ってほしい！」っていう風に言ってたから，ある意味でその"目的"は，自分自身の中に返ってっちゃうのね．（橋本治『ぼくたちの近代史』主婦の友社，昭和63年〈1988〉）

　山田詠美の文章は，少年のプライベートな手記を読むような趣向になってい

る．ここでは「～である」といった演説口調はなじまないであろう．橋本治の文章は若い女性のおしゃべり口調（橋本のいう「女子高校生言葉」）で語っている．こうした文章は，ともすれば認識の言語によって抑圧されてきた，我々の生の声とパーソナルな感覚を文章世界に復権させたものといえるであろう．おそらく今後とも文章の書き手達は，認識の言語としていかに文章の抽象度を高めてゆくかという問題と，いきいきとした声を文章世界にいかに再現するかという問題との間で，葛藤しつつ文書を綴ってゆくことになるのであろう．さらに筆記用具について言うと，今日すでに文字は，必ずしもペンや鉛筆で紙に書くものではなくなっている（これまでの文章観では，書かれた文字は常に「活字の一歩てまへ」であった．石川淳「文章の形式と内容」，『文学大概』1976 中公文庫所収）．メールやチャットなど，私的にかわされ，そして長く保存されることを期待しないような文字表現も多い．ネット上で発表される小説も増えてきている．こうした新しいツールは，今後文章に何がしかの影響を与えることになるはずであり，注目したいところである．

参 考 文 献

■第1章　総説

金田一春彦・林　大・柴田　武編『日本語百科大事典』（大修館書店，1988）
近藤瑞子『近代日本語における用字法の変遷――尾崎紅葉を中心に――』（翰林書房，2001）
佐藤喜代治『国語語彙の歴史的研究』（明治書院，1971）
佐藤　亨『近世語彙の歴史的研究』（桜楓社，1980）
佐藤　亨『近世語彙の研究』（桜楓社，1983）
佐藤　亨『幕末・明治初期語彙の研究』（桜楓社，1986）
進藤咲子『明治時代語の研究――語彙と文章――』（明治書院，1981）
杉本つとむ『近代日本語の成立――コトバと生活――』（桜楓社，1956）
田島　優『近代漢字表記語の研究』（和泉書院，1998）
田中章夫『東京語――その成立と展開――』（明治書院，1983）
陳　力衛『和製漢語の形成とその展開』（汲古書院，2001）
飛田良文『東京語成立史の研究』（東京堂出版，1992）
飛田良文『明治・大正・昭和の外来語史研究』1～3〈平成11年度～平成14年度科学研究費補助金　基盤研究（B）研究成果報告書〉〈私家版，2003）
広田栄太郎『近代訳語考』（東京堂出版，1969）

■第2章　漢語の現代

浅野敏彦「新島襄の書簡に見える漢語」（大阪成蹊女子短期大学研究紀要33，1996）
池上禎造『漢語研究の構想』（岩波書店，1984）
木村秀次「『西国立志編』の漢語サ変動詞―現在と意味の異なるもの―」（千葉大学教育学部研究紀要48，2000）
佐藤喜代治『国語語彙の歴史的研究』（明治書院，1971）
佐藤喜代治『日本の漢語―その源流と変遷―』（角川書店，1979）
佐藤喜代治『漢語漢字の研究』（明治書院，1998）
佐藤喜代治編『漢字講座第8巻　近代日本語と漢字』（明治書院，1988）

田島　優『近代漢字表記語の研究』(和泉書院，1998)
西田長寿『明治時代の新聞と雑誌』(至文堂，1961)
飛田良文『東京語成立史の研究』(東京堂出版，1992)
松井利彦『近代漢語辞書の成立と展開』(笠間書院，1990)
松井利彦「幕末漢語の意味」(広島女子大学文学部紀要16，1981)
三上悠紀夫「『西国立志編』の漢語について」(国語語彙史の研究15，和泉書院，1996)
山田忠雄『近代国語辞書の歩み―その模倣と創意と―　上・下』(三省堂，1981)

■第3章　新漢語の現代

石塚正英・柴田隆行『哲学・思想翻訳語事典』(論創社，2003)
黒住　真「漢学――その書記・生成・権威」(黒住　真『近世日本社会と儒教』，ぺりかん社，2003)
国史大辞典編修委員会『国史大辞典』(吉川弘文館，1979-1997)
さねとうけいしゅう『近代日中交渉史話』(春秋社，1973)
朱　京偉『近代日中新語の創出と交流――人文科学と自然科学の専門語を中心に』(白帝社，2003)
沈　国威『『新爾雅』とその語彙』(白帝社，1995)
沈　国威「新漢語研究に関する思考」(文林32，1998)
沈　国威『植学啓原と植物学の語彙――近代日中植物学用語の形成と交流』(関西大学出版部，2000)
陳　力衛『和製漢語の形成とその展開』(汲古書院，2001)
手島邦夫「西周の新造語について――「百学連環」から「心理説ノ一斑」まで」(国語学研究41，2002)
丸山真男・加藤周一『翻訳と日本の近代』(岩波書店，1998)
森岡健二『近代日本語の成立』(明治書院，1979)
森岡健二「明治期における漢字の役割」(言語生活378，1983)
森岡健二「欧文訓読小史」(東京大学国語研究室創立百周年記念論文集，汲古書院，1998)
八耳俊文「19世紀漢訳洋書及び和刻本所在目録」(沈　国威編著『『六合叢談』(1857-58)の学際的研究』白帝社，1999)
山室信一『思想課題としてのアジア』(岩波書店，2001)

■第4章　外来語の現代

海老沢有道，H.チースリク，土井忠生ほか編『日本思想大系　キリシタン書　排耶蘇』(岩波書店，1970)

参 考 文 献

上田万年『国語のため』(富山房,1895)
金沢庄三郎編『辞林』(三省堂,1911)
小林千草「新出キリシタン文献『Compendium』(講義要綱・1595年成立)の国語学的研究と教材研究――中世末期の外来語受容に関する事例体験と現代における問題点を考える」(成城学園教育研究所年報23号,2001)
小林千草「いまどきのカタカナ語『リベンジ』『ゲット』『ターミナル』『スピリッツ』『ミレニアム』『メモリー』『キャラ』『アバウト』『ブレーク』」(月刊言語,2001年4月-12月号)
小林千草「『リベンジ』『ゲット』などに関する史的考察と若者の言語内省――日本語における原語・カタカナ語受容史の研究と教材化――」(成城学園教育研究所年報26号,2004)
杉本つとむ『近代日本語の新研究』(桜楓社,1967)
杉本つとむ『江戸時代蘭語学の成立とその展開Ⅰ・Ⅱ』(早稲田大学出版部,1976・1977)
松村 明『洋学資料と近代日本語の研究』(東京堂,1970)
森岡健二編著『近代語の成立 明治期語彙篇』(明治書院,1972)

その他,外来語の定義について参照した文献
小池清治・小林賢次・細川英雄ほか編『日本語学キーワード事典』(朝倉書店,1997)
国語学会編『国語学大辞典』(東京堂出版,1980)
阪倉篤義編『国語学概説』(有精堂出版,1988)
佐藤喜代治編『国語学研究事典』(明治書院,1977)
新村 出編『広辞苑 第5版』(岩波書店,1998)
小学館国語辞典編集部『日本国語大辞典 第2版』(小学館,2001)
日経パソコン『日経パソコン用語事典』(日経BP社,2004)
西尾 実・水谷静夫・岩淵悦太郎編『岩波国語辞典 第5版』(岩波書店,1994)

■第5章 漢字使用の現代
近藤瑞子『近代日本語における用字法の変遷――尾崎紅葉を中心に――』(翰林書房,2001)
佐藤喜代治編『漢字講座4 漢字と仮名』(明治書院,1989)
三省堂編修所編『新しい国語表記ハンドブック 第5版』(三省堂,2005)
武部良明『日本語表記法の課題』(三省堂,1981)
田島 優『近代漢字表記語の研究』(和泉書院,1998)
田中章夫『近代日本語の語彙と語法』(東京堂出版,2002)
土屋信一『明治・大正期・昭和期の漢字使用』(『国語文字史の研究 五』和泉書院,2000)
土屋信一「漢字使用の新しい傾向」(計量国語学22,2000)

飛田良文・佐藤武義編『現代日本語講座6　文字・表記』（明治書院，2002）
松井栄一『続・国語事典にない言葉』（南雲堂，1985）

■第6章　辞書の現代
石山茂利男『国語辞書事件簿』（草思社，2004）
犬飼守薫『近代国語辞書編纂史の基礎的研究──『大言海』への道──』（風間書房，1999）
国広哲弥『理想の国語辞典』（大修館書店，1997）
倉島長正『「国語」と「国語辞典」の時代』（小学館，1997）
倉島長正『日本語100年の鼓動──日本人なら知っておきたい国語辞典誕生のいきさつ──』（小学館，2003）
見坊豪紀『辞書と日本語』（玉川大学出版部，1977）
柴田　武・武藤康史編『明解物語』（三省堂，2001）
惣郷正明『辞書とことば』（南雲堂，1982）
松井栄一『出逢った日本語・50万語──辞書作り三代の軌跡──』（小学館，2002）
松井利彦『近代漢語辞書の成立と展開』（笠間書院，1990）
山田忠雄『三代の辞書──国語辞書百年小史──』（三省堂，1967）
山田忠雄『近代国語辞書の歩み──その模倣と創意と──』（三省堂，1981）
山田俊雄『日本語と辞書』（中央公論社，1978）

■第7章　和語の現代
井上ひさし『私家版日本語文法』（新潮社，1981）
井上史雄・鑓水兼貴編『辞典〈新しい日本語〉』（東洋書林，2002）
樺島忠夫・飛田良文・米川明彦編『明治大正新語俗語辞典』（東京堂出版，1984）
小森陽一『日本語の近代』（岩波書店，2000）
小矢野哲夫『ワードウォッチング　現代語のフロッピィ』（私家版，1991）
田中章夫『近代日本語の語彙と語法』（東京堂出版，2002）
原口　裕「『みたようだ』から『みたいだ』へ」（静岡女子大学国文研究7，1974）
飛田良文・浅田秀子『現代副詞用法辞典』（東京堂出版，1994）
増井典夫「形容詞終止連体形の副詞的用法──「えらい」「おそろしい」を中心に──」（国語学研究27，1987）
増井典夫「形容詞〈えらい〉の出自と意味の変遷」（文芸研究117，1988）
増井典夫「近世後期語と名古屋方言をめぐって──形容詞〈どえらい〉を中心に──」（愛知淑徳大学国語国文24，2001）
松本　修「キレる・ムカつく考──大阪の芸人がテレビで広めた言葉──」（日本語学18-

13，1999）
米川明彦編『日本俗語大辞典』（東京堂出版，2003）

■第8章　方言の現代

牛山初男「語法より見たる東西方言の境界線について」（国語学 12，1953）
牛山初男『東西方言の境界』（信教印刷，1969）
加藤正信「方言区画論」（『岩波講座日本語 11 方言』，岩波書店，1977）
国語調査委員会『口語法分布図』『口語法調査報告書』（1906）
国立国語研究所『日本言語地図』（大蔵省印刷局，1966-1974）
国立国語研究所『地域社会の言語生活―鶴岡における 20 年前との比較―』（秀英出版，1974）
国立国語研究所『方言文法全国地図』（国立印刷局，1989-2005）
小林　隆「現代方言の特質」（小林　隆ほか編『方言の現在』，明治書院，1996）
佐藤和之・米田正人『どうなる日本のことば　方言と共通語のゆくえ』（大修館書店，1999）
佐藤亮一『生きている日本の方言』（新日本出版社，2001）
佐藤亮一監修『方言の地図帳』（小学館，2002）
真田信治『標準語はいかに成立したか』（創拓社，1991）
柴田　武『日本の方言』（岩波新書，1958）
柴田　武『言語地理学の方法』（筑摩書房，1969）
東条　操『方言と方言学』（春陽堂，1938，1944 年増訂）
東条　操「序説」（『日本方言学』，吉川弘文館，1954）
東条　操「方言と方言学」（『日本方言学』，吉川弘文館，1954）
日本方言研究会編『日本の方言区画』（東京堂出版，1964）
日高水穂「地域のことばと「ことば教育」」（『新「ことば」シリーズ』16，国立印刷局，2003）
柳田国男『蝸牛考』（刀江書院，1930）

■第9章　文体の現代

秋山勇造『埋もれた翻訳―近代文学の開拓者たち―』（新読書社，1998）
上田万年「標準語に就きて」（『帝国文学』創刊号，1895）
小川為治『開化問答』（東京三書屋，1874-75）
尾崎知光『近代文章の黎明―二葉亭「浮雲」の場合』（桜楓社，1967）
加藤祐一『文明開化』（大坂積玉圃，1873-74）
亀井　孝・大藤時彦・山田俊雄編『日本語の歴史 6　新しい国語への歩み』（平凡社，1965）

参考文献

柄谷行人『日本近代文学の起源』(講談社，1980)
金水　敏『ヴァーチャル日本語　役割語の謎』(岩波書店，2003)
小池清治『日本語はいかにつくられたか？』(筑摩書房，1989)
斎藤美奈子『文章読本さん江』(筑摩書房，2002)
真田信治『標準語はいかに成立したか』(創拓社，1991)
柴田　武「方言の消長」(『社会言語学の課題』，三省堂，1978)
田中章夫『日本語の位相と位相差』(明治書院，1999)
永嶺重敏『〈読書国民〉の誕生』(日本エディタースクール出版部，2004)
中村通夫『東京語の性格』(川田書店，1948)
夏目漱石「将来の文章」(明治40年1月1日『学生タイムズ』談話，1907)
西　周「洋字ヲ以テ国語ヲ書スルノ論」(『明六雑誌』創刊号，1874)
野口武彦『三人称の成立まで』(筑摩書房，1994)
二葉亭四迷「余が言文一致の由来」(『文章世界』，1906)
前田　愛『近代読者の成立』(有精堂，1973)
森岡健二編著『近代語の成立　文体編』(明治書院，1991)
山田俊治『大衆新聞がつくる明治の〈日本〉』(日本放送出版協会，2002)
山本正秀『近代文体発生の史的研究』(岩波書店，1965)
渡辺修次郎「日本文ヲ制定スル方法」(郵便報知新聞，1875)
渡辺　実『日本語史要説』(岩波テキストブックス，1997)
Anderson, B. 著，白石さや・白石　隆訳『増補想像の共同体』(NTT出版，1997)

付録1　本文中でとりあげた文学作品と他の資料

『アイコ十六歳』（昭和55，1980年）　高校2年の時に執筆，文藝賞を最年少受賞として話題となった堀田あけみの小説．漫画・テレビ化され大ベストセラーとなり，映画化もされた．

『あひゞき』（明治21，1888）　二葉亭四迷がツルゲーネフの『猟人日記』の一編を翻訳して，『国民之友』に発表したもの．その高雅な言文一致体は，人々を魅了．

『諳厄利亜語林大成』（文化11，1814成立）　本木正栄・楢林栄左衛門・吉雄永保ら編，日本最初の英和辞典．

『家』（明治43-44，1910-11）　島崎藤村著．明治44年単行本化．二つの旧家が没落を辿る過程と，家父長制度の因習や儀礼に運命を左右された人々を描いた自伝的長編小説．

『板橋雑記』　三巻．清の余懐撰．明末清初の秦淮（南京の歓楽街）の妓女について記したもの．上巻は雅游，中巻は麗品，下巻は軼事．明和9年山崎長卿の訳があり，後に『唐士名妓伝（文化10年序）』と改題して重刻された．

『当世書生気質』（明治18-19，1885-86）　英学を志す書生たちの生態を描いた坪内逍遙の小説．わが国初の体系的文学理論書と言われる『小説神髄』の実践的意味をもつ．会話文は書生言葉の貴重な資料である．

『妹背山婦女庭訓』（明和8，1771上演）　近松半二他4名の合作．浄瑠璃，時代物．藤原鎌足が蘇我入鹿を討つ事件を骨子に，謡曲『釆女』，幸若舞『大織冠』などを取り合わせて作った．

『雨月物語』（安永5，1776）　上田秋成作．初期読本を代表する名作で，わが国怪異小説史上最高の傑作．「白峰」「菊花の約」「浅茅が宿」「夢応の鯉魚」など9話の短編からなる．

『腕くらべ』（大正5-6，1916-17）　永井荷風著．長編小説．大正6年私家版，翌7年削除版刊行．荷風の中期の代表作．新橋花柳界を舞台にして，金と色の世界の腕比べを描き出す．

『英吉利文典』（安政4，1857）　オランダ人ヘルハニ（Vergani）の蘭文英文典を『英吉利文典』として美作（岡山県）の宇田川塾から刊行された文法書．

『英訓博物新編』（明治18，1875）　4巻．合信（B. Hobson）の原著．福田敬業が従来の和刻本にあるオランダ語のルビに代えて，英語のルビによる重要概念の対訳を施したもの．

『英和対訳袖珍辞書』（文久2，1862）　堀達之助．西周・箕作麟祥他編．慶応2年（1866）に堀越亀之助他編『改正増補英和対訳袖珍辞書』刊行．後者は開成所から刊行されたため，「開成

所辞書」とも呼ばれた．

『英和字彙大全　英和之部』（英和之部，和英之部の2冊本）（明治18，1885）　嶋田三郎校訂．市川義夫纂訳．柴田昌吉・子安峻編『附音英和字彙』系の辞書．新しい訳語が登載されている．

『東都真衛』（享和4，1804）　三笑亭可楽作．三笑亭可楽は，三題噺の元祖と言われ，本書はその人の初期の噺本．男芸者社会の隠語や八百屋お七の話を載せている．

『欧洲奇事花柳春話』（明治11-12，1878-79）　ロウド・リットン原作"Ernest Maltraverse"と"Alice"の，丹羽（織田）純一郎による翻訳本．マルツラバースを主人公とする恋愛小説．西洋小説を紹介したものとして画期的だった．

『欧洲新話谷間之鶯』（明治20，1887）　斉藤良恭訳．セルバンテスの短編集『模範小説』中の「血統の力」の翻訳．仏国セルバント作とあり，フランス語訳からの重訳と見られる．

『懐舊録』　大町桂月著．大正2（1913）年に没した旧友の鹽井雨江（しおいうこう）への追悼文．

『外史訳語』（明治7，1874）　上・下2冊．大森惟中・庄原和同纂，中村正直序文，柳沢信大書．『日本外史』から熟語を抽出し，画数による配列をし，字解したもの．

『改正増補和英語林集成』（明治19，1886）　初版・再版『和英語林集成』が需要に支えられた後の第3版．増補された項目が，この時期の社会の変化と語彙の急増を反映している．

『改正増補和訳英辞典』（明治2，1869）　薩摩学生編．『改正増補英和対訳袖珍辞書』をそのまま踏襲し，若干の手を加えた辞書．薩摩学生の洋行費用捻出のための刊行．

『解体新書』（安永2，1773成立，安永3刊）　前野良沢・杉田玄白他訳．日本最初の西洋医学翻訳書．

『怪談牡丹燈籠』（明治17，1884）　三遊亭円朝の人情話を若林玵蔵（かんぞう）が速記したもの．本書をはじめ，円朝の速記本は言文一致体の形成に大きな影響を与えた．

『学問のすゝめ』（明治5-9，1872-76）　福沢諭吉が「民間の読本／小学の教授本」を目的に実学の重要性を説いたもの．平易な文語文で語られている．

『佳人之奇遇』（明治18，1885）　16巻，未完．東海散士著．主人公がフィラデルフィアの独立閣で二人の佳人に出会うところから始まるこの代表的政治小説は，会津敗亡の悲劇に日本および世界の弱小国の運命を重ねたもの．

『かた言』（慶安3，1650）　安原貞室著．当時の京都の訛音・訛語や方言を集めたもの．正語を挙げて訛語と対比し，語によっては批判を加え，また語源・語史にも触れる．

付録1　本文中でとりあげた文学作品と他の資料　　　　　　　　　　　　　　　　　　　　　149

『隔鞾論』（安政5，1858）　1冊．鹽谷世弘（号は宕陰）著．中国のアヘン戦争の失敗を政事，宗教の面から漢文で記述したもので，当時の開国鎖国論の状勢を知ることができる．

『𦾔薹胡瓜遣』（明治5年，1872）　仮名垣魯文作．題名は福沢諭吉『窮理図解』のもじり．随所に，文明開化期における東京の風俗が描写されている．

『閑耳目』（明治41，1908年）　渋川玄耳（1872-1926）の随筆．春陽堂から出版．渋川は日露戦争の従軍記で名を挙げた人物．

『牛店雑談安愚楽鍋』（明治4-5，1871-1872）　仮名垣魯文著．明治初期，欧化の一つとして現れた牛店に集まる男女の会話に開化期の日本語を知ることができる．

『教訓雑長持』（宝暦2，1752）　5巻5冊．伊藤単朴作．談義本の一つで，五編の話からなる．それぞれに教訓と批評を加えて，『当世下手談義』の流れをくむ．

『月刊民芸』　日本民芸協会編．柳宗悦「国語問題に関し沖縄県学務部に答ふるの書」（論文名，ただし目次題は「沖縄県学務部に答ふるの書」）第2巻第3号（昭和15年3月）

『言苑』（昭和13，1938）　新村出編．同じ著者の百科項目を多く採用した実用的な『辞苑』と異なり，学習・家庭用を意図した一般向けの内容からなる小型国語辞書．

『言語地理学の方法』（昭和44，1969）　柴田武著．日本における言語地理学の理論的決定書．新潟県糸魚川地方の調査資料に基づき，言語地理学の手法を具体的に提示し，その後の方言研究の流れに大きな影響を及ぼした．

『交易問答』（明治2，1869）　加藤弘之著．外国貿易の有益と必要を説いた啓蒙書．文体は談話体（「ござる」体）である．

『口語法調査報告書』（明治39，1906）　国語調査委員会編．明治36年（1903）に実施された方言の全国調査の文法項目に関する報告書．調査結果は『口語法分布図』として地図化もされた．

『好色一代女』（貞亨3，1686）　井原西鶴作．京都嵯峨野に隠棲する老女が若者に話す懺悔物語を，若者の跡を付けて来た作者が書きとったという趣向の内容でまとめている．

『国語のため』（明治28，1895）　言語学者・国語学者である上田万年（かずとし）（1867-1937）の著作．明治28年1月に『帝国文学』に発表した「標準語に就きて」を所収．

『此處やかしこ』（『絵入朝野新聞』に明治20，1887掲載，未完）　坪内逍遙著．文語体，口語体混用文体で，「だ体」は，主に会話体，心話文に現れている．

『胡蝶』（『国民之友』第37号附録，明治22，1889）　山田美妙著．言文一致体の「です・ます体」を一貫して使用しているが，『空行く月』より他の文末表現を加えている．

『五方通語』（安政4，1857） 村上英俊編．日本語をイロハ順に配列し，その中を意義分類した，仏・英・蘭・羅の対訳単語集．

『金色夜叉』（『読売新聞』に明治30, 1897から断続的に明治35, 1902まで掲載） 尾崎紅葉著．最後は，『続々金色夜叉続編』の名称で『読売新聞』に3章まで掲載された．明治36年にこれに若干の手を加えて『新小説』に『新続金色夜叉』として再掲し，続稿予定だったが，作者の死で中断，未完．雅俗折衷体の代表．

『こんてむつすーむん地』(1610) キリシタン文献の一つ．トマス・ア・ケンピスの著作とされる "Imitatio Chriti" の訳本．1596年刊のローマ字本と，1610年刊の国字本とがある．

"Compendium"（講義要綱）(1595) キリシタン文献の一つ．ペドロ・ゴメス編述のイエズス会日本コレジョの講義要綱．上智大学キリシタン文庫編の影印が大密社より刊行．

『西國立志編』（明治3訳了・明治4刊，1870-71） スマイルス原作 "Self Help" の，中村正直による翻訳本．「明治青年の聖書」と称されたほどのベストセラーとなり，大きな影響を与えた．

『齊武名士経国美談』（明治16, 1883） 2巻．矢野龍渓著．専制国家スパルタの支配を脱して，民主国家セーベの独立を勝ち取ろうとする志士の活躍を描くことで，現実の日本における政治理想を訴えようとした政治小説．

『五月鯉』（明治21, 1888） 巖谷小波の短編．巖谷は近代児童文学の開祖とされる．

『サルワトル-ムンヂ』(1598) キリシタン文献の一つ．表題は，"SALVATOR MVNDI" で，「この世の扶（たす）け手」の意．告白等について記した小冊子．漢字ひらがな交り．

『三語便覧』（嘉永7, 1854刊，一説に安政4, 1857刊） 村上英俊編，意義分類体の日・仏・英・蘭の対訳単語集．

『三兵答古知機』（安政3, 1856） 高野長英訳．幕末の兵法書で洋学資料の一つ．プロシアの軍事戦術書「歩騎砲三兵戦術」（デッケル著）の蘭訳本の邦訳．

『洒落本』 近世後期の小説一般を指して「戯作」というが，その戯作の一つで，短編のものである．江戸板・上方板共に作品は数多いが，本文中に用例として挙げたものでは「にやんの事だ」「玉之帳」などは江戸板，「身体山吹色」「当世廓中掃除」などは上方板である．

『袖珍新聞語辞典』（大正8, 1919） 竹内猷郎編．東京堂から出版．「袖珍」とは「袖の中に入るほどの小型のもの，ポケット型のもの」という意．

『自由之理』（明治5, 1872） ミル原作 "On Liberty" を中村正直が翻訳．福沢諭吉『西洋事情』についで自由思想を日本に紹介したもので，代表的な啓蒙書のひとつ．

『小学会話之捷径』（明治7，1874） 井出猪之助編．単語を五十音順に配列しその単語を含む会話例を示す．会話の学習の他に談話体の文章練習を狙ったものとして注目される．

『小公子』（明治23-25，1890-92） 若松賤子訳．明治24年前編単行本化．明治30年全編単行本化．バーネットの"*Little Lord Fauntleroy*"の翻訳．口語体の名訳．

『小辞林』（昭和3，1928） 金沢庄三郎編．同じ著者の『広辞林』を小型に大改訂した国語辞書．現在の小型国語辞書の元祖『明解国語辞典』（昭18，1943）の母体．

『小説三言』 江戸中期に岡白駒，沢田一斎施訓．中国の白話小説『三言二拍』の抜粋．小説精言，小説奇言，小説粋言から成る．日本人向けに読みやすく改編したもの．

『小説神髄』（明治18-19，1885-86） 坪内逍遙の小説論．小説の主眼は勧善懲悪ではなく，人情・世態・風俗を写すことだと説き，近代小説の進むべき方向を示した．

『罪と罰』（明治25，1892） ドストエフスキー原作"*Prestuplenie i nakazanie*"の英訳本より，内田魯庵が翻訳したもの．魯庵は，トルストイの『復活』も翻訳している．

『職方外記』（1623） イエズス会士アレーニ（漢名，艾儒略）著．漢訳世界地理書．

『城のある町にて』（大正14，1925） 梶井基次郎著．6編の組曲風作品．昭和6年単行本『檸檬』に所収．大正13年夏の三重県松阪の義兄宅で過ごしたスケッチが基になる．

『新語新知識　附常識辞典』（昭9，1934） 大日本雄弁会講談社出版．問答形式で時事新語や常識を解説し，下段に外来語などを中心に新語を収録したもの．索引もついている．

『尋常小学読本』8巻（明治36，1903） 文部省編．明治36年4月小学校令改正により，国定教科書制度（次年4月1日より施行）が成立し，その第1回国定読本．

『真政大意』（明治3，1870） 加藤弘之著．明治初期の啓蒙書で，立憲政治を日本に紹介した明治期の思想家・政治学者の前期代表作．後に，本書の内容を自ら否定して絶版とした．

『新八十日間世界一周』（明治11-13，1878-80） 川島忠之助訳．ジュール・ヴェルヌ作品の日本最初の翻訳．原典訳の嚆矢として，翻訳文学史において重要な意味を持つ．

『新撰大阪詞大全』（天保12，1841） 編者未詳．大阪方言430語をイロハ順に配列した大阪方言集．

『新潮国語辞典―現代語・古語―』（昭和40，1965） 久松潜一監修，山田俊雄・築島裕共編．現代語と古語を総合的に解説することに特色があり，古語の用例と出典を詳細に挙げる．

『新編浮雲』（明治20-22，1887-89） 二葉亭四迷著．主人公内海文三の克明な心理描写と，口

語体による地の文（言文一致体）の採用により，日本近代小説の先駆とされる．

『新明解国語辞典』（昭和47，1972）　金田一京助・山田忠雄（主幹）他編．説明型小型国語辞典の嚆矢．意味記述や用例の点に特色を有する，現在の代表的な小型国語辞典の一．

『政治小説雪中梅』（明治19，1886）　末広鉄腸著．上下二編．明治23年の国会開設に向け，政治思想の啓蒙を目的とした政治小説．鉄腸の政治的信条と政策が小説化されている．

『政治小説花間鶯』（明治20-21，1887-88）　末広鉄腸著．上・中・下三編．『政治小説雪中梅』の続編．主人公の政治活動を通して，当時の時事問題を取り上げ，時勢への警告を発した作品．

『青春がくる』（昭和43，1968）　1966年に刊行された『天国に一番近い島』によって人気作家となった森村桂（1940-2004）の小説．

『生理発蒙』（慶応2，1866）　島村鼎甫訳．リベックの医学書の翻訳．蘭学の流れを汲む西洋医学の導入・発展により広く用いられ，明治以降も医学校で教科書として使われた．

『絶世奇談魯敏孫漂流記』（明治16，1883）　井上勤訳．明治維新以前から繰り返し行われたダニエル・デフォー作「ロビンソン・クルーソー」の翻訳の一つ．

『節用集』　語をいろは順に分類し，それぞれを意義によって配列した辞書で，漢字を書くための辞書として，室町時代から江戸時代を経て，明治時代まで用いられた国語辞書の総称．

『剪燈新話』（1378）　4巻．漢籍．明の瞿祐（クユウ）作．中国文語体で書かれた短編小説集（全20編）．主として男女のロマンスに亡霊幽怪の奇事をからませた夢幻的色彩の濃い物語．

『空行く月』（『以良都女』明治21，1888未完）　山田美妙著．文末の「です・ます体」使用度が90％強で，「です・ます体」専用の小説．

『それから』（明治42，1909）　夏目漱石著．無為徒食の高等遊民，代助の物語．『三四郎』から『門』へと続く三部作の第二作．

『多情多恨』（『読売新聞』明治29，1896）　尾崎紅葉著，紅葉最後の言文一致体小説．「である体」を凌ぎ，「た体」が優勢となっている．

『千曲川のスケッチ』（明治44-大正元，1911-12）　島崎藤村著．随筆・紀行集．大正元年単行本化．小諸義塾の教師時代（明32-38），詩作のかたわらに行った写生主義的習作に基づく．

『通俗花柳春話』（明治16-17，1883-84）　織田純一郎訳．『欧州奇事花柳春話』を「婦女児童」に読みやすいように改訳したもの．文体や漢語／和語の比率が『欧州奇事──』と大きく異なる．

『月夜の美感に就いて』（明治32，1899）　高山樗牛著．樗牛の美学に基づいて，月夜が何ゆ

付録1　本文中でとりあげた文学作品と他の資料

えに人々の美感を喚起するかを述べたエッセイ．

『哲学字彙』（明治14，1881）　井上哲次郎編．再版（明治17），3版（明治45）がある．幕末から明治初期の学術用語の集大成．近代人文関係の標準訳語集として後世に影響が大きい．

『道訳法爾馬』（文化13，1816頃完成，幕府に献上）　ヘンドリック・ヅーフ編．俗称『長崎ハルマ』．約10万の単語・短文・短句からなる最大の蘭和辞書．

『東海道中膝栗毛』（享和2-文化6，1802-1809年）　十返舎一九の滑稽本．「弥次喜多道中」として知られる．

『東海道四谷怪談』（文政8，1825初演）　四世鶴屋南北．歌舞伎脚本．お岩の亡霊として有名な怪談物の代表で南北の傑作．

『徳華大字典』（大正9，1920）　商務印書館出版．ドイツ語と中国語の本格的な対訳辞書．日本の独和辞典など6冊を参照したことから，日本語訳語の中国語へ入る媒介としての価値あり．

『どちりいな-きりしたん』（1591）　キリシタン文献の一つ．キリシタンの教理問答書で，漢字ひらがな交りの国字本．原本はヴァチカン図書館蔵．1592年版ローマ字本もある．

『南総里見八犬伝』（文化11-天保13，1814-1842）　曲亭馬琴作．江戸時代最大の長編小説であり，中国の『水滸伝』を目標にした壮大な史伝体小説．全編勧善懲悪主義で貫き，八犬士の活躍を描く．

『二人女房』（『都の花』明治24-25，1891-1892）　尾崎紅葉著．紅葉の最初の言文一致体志向の小説．「である体」の文体とされているが，上編に使用例なく，中編6以降に「であらう」，同7編以降に「である」を用いている．

『日本隠語集』（明治25，1892）　稲山小長男編．後藤待賓館より出版された隠語辞典．

『日本開化小史』（明治10-15，1877-82）　6巻．田口卯吉著．外来の文明史に範をとりつつ経済事情と精神文化の相関関係を軸にして日本史を通観した著名な史論．

『日本外史』（天保7刊か，1836）　22巻．頼山陽著．源平二氏から徳川氏にいたるまで武門の興亡の700年間の歴史を，施訓された漢文体で家別に叙述した史書．

『日本言語地図』（昭和41-49，1966-1974）　国立国語研究所編．昭和32-40年（1957-1965）に実施された語彙を中心とした項目の全国方言調査の報告書で地図集として刊行された．全6巻．

『日本語会話』（文久3，1863）　アメリカ人宣教師ブラウンによる日本語研究書．豊富な会

話例の採集と詳しい文法記述により，当時の口語を知る第一級資料である．

『日本俗語大辞典』（平成15，2003）　米川明彦編．東京堂出版．「俗語」とその用例を集めた本格的な「俗語」辞典．

『日本略史』（明治9，1876）　4巻．笠間益三編．柳原喜兵衛・浅井吉兵衛による翻刻．神武天皇から明治天皇までの歴史を略説したもの．最後に「国勢沿革略論」を付す．

『根無志具佐』（宝暦13，1763）　平賀源内作．談義本の代表で，地獄物と言われる．動物も登場して，その会話も多様である．

『野末の菊』（『都の花』明治22，1889）　嵯峨の屋おむろ著．文末表現として敬体を用いる文とそうでない文との混然とした文章．「であります体」（全体で15例）をとるとされるのは，冒頭2例，結末2例と目立っているためであろう．

『誹風柳多留』　江戸中期から後期にかけて刊行された雑俳（川柳集）．初編は1765（明和2）年に刊行，最終の167編は天保9（1838）年に刊行．

『破戒』（明治39，1906）　島崎藤村著．信州を舞台に差別問題を扱い，懊悩する主人公の心理を見事に描いた長編小説．リアリズム小説として，日本の自然主義文学の出発点となる．

『白玉蘭』（明治24，1891）　山田美妙著．青年政治家，黒江徹の波乱の人生を描いた小説．

『博物新編』（元治元，1864）　1855年合信（ホブソン）著．中国語で書かれた近代科学の概説書．日本では元治元年に加点・翻刻された．それの「訳解」「英訓」「演義」「補遺」「字解」など，さまざまな形態の出版物が出ている．

『初恋』（『都の花』明治22，1889）　嵯峨の屋おむろ著．言文一致体の「だ体」を用いるとして知られているが，329文中11文だけに「だ体」が用いられているにすぎない．

『春』（明治41、1908）　島崎藤村著．藤村と北村透谷を中心とした5人の青春の交遊を描いた自伝的長編小説．実生活の小説化への道を描き，自然主義文学の方向を決定した作品．

『波留麻和解（ハルマワゲ）』（寛政8，1796成立）　稲村三伯・宇田川玄真編．俗称『江戸波留麻』．最初に刊行された，8万余語の蘭和辞書．

『万国（ばんこく）西洋道中膝栗毛』（明治3-9，1870-76）　仮名垣魯文・総生寛（ふそうかん）著．『東海道中膝栗毛』に登場する弥次・喜多の孫がロンドン万博を見に行く話．明治初期の庶民の口語資料．

『万国史』（明治10，1877）　原題 "Universal History"．パーレイ著．欧米中心の歴史書．牧山耕平が訳し，外国史の教科書として広く用いられた．

『萬里絶域北極旅行』（明治20，1887）　福田直彦訳．明治時代に好んで出版されたヴェルヌ

作品の翻訳の一つ．固有名詞の発音から，ロシア語訳に基づく重訳と見られる．

『彼岸過迄』（明治45，1912）　夏目漱石著．『行人』と『こゝろ』とで後期三部作を成す．この作品から短編を組み立て一作品を構成する手法を始める．修善寺の大患後初の長編小説．

『日の出』（明治36，1903）　国木田独歩著．独歩の第三小説集『運命』（明39）に所収．当時の立身出世主義に対して，平凡な勤労主義を描いた短編小説．

『百一新論』（明治7，1874）　西周著．東洋の教えも西洋の教えも結局は一致する旨（百教一致）を平易な談話体（「ござる」体）と問答形式で説いた啓蒙書．

『標注十八史略』　太古から南宋まで4000年間の史実を簡略に記し，初学者の課本に供したものである．元の曽先之の編纂，明の立斎先生が標題解註音釈したものが足利氏の末に日本に渡来した．

『謔京わらんべ』（明治19，1886）　坪内逍遙著．国会開設を四年後に控え，政治的な図式を登場人物に仮託して国民を「諷誡」（遠回しにいましめること）した，寓話的な戯作．

『風琴 調 一節』（『以良都女』第1号，明治20，1887）　山田美妙著．言文一致体の「だ体」を用いるとして知られているが，地の文55文末中，「だ体」は3例のみである．

『富士額男女繁山』（明治10，1877）　河竹黙阿弥作．実在の事件に基づく作品．出来の良い娘を男装させ書生にして生計を立てさせようとする父親など，当時の世相を窺わせる．

『普通術語辞彙』（明治38，1905）　徳谷豊之助・松尾勇四郎編．東京敬文社出版．近代人文・社会関係の訳語を中心に，概念の解説と日本での受容を記したもの．

『文学大概』（昭和51，1976，中公文庫版）　石川淳著．文章の形式，江戸文学，フランス文学，日本近代文学などについて，博識と華麗な文章をもって解き明かす．

『平凡』（明治40，1907）　二葉亭四迷作．『東京朝日新聞』に連載．『浮雲』『其面影』に続く，四迷の代表作．自伝的な色合いも濃く，文壇への揶揄も含んで風刺的でもある．

『鼇頭挿図日本外史字類講義』（明治31，1898）　3冊．島田重堂校訂・片谷耕作編輯．明治堂出版．『日本外史』解読のための字書．絵入りの解説も多い．

『忘却の河』（昭和38，1963）　福永武彦（1918-1979）の第三長編．福永はフランス文学者で，学習院大学文学部教授の傍ら，小説の発表を続けた．

『方言の地図帳』（平成14，2002）　佐藤亮一監修．同監修による『方言の読本』を増補改訂．『日本言語地図』の略図を中心に編集され，各地図に簡潔な解説が付される．

『方言文法全国地図』（平成元-17，1989-2005）　国立国語研究所編．昭和54-57年（1979-1982）に実施された文法を対象とした全国調査の報告書で地図集として刊行された．全6巻．

『ぼくたちの近代史』（昭和63，1988）　橋本治著．橋本お得意の若い女性のおしゃべり口調で，全共闘，ベ平連，フェミニズムなど同時代の諸問題を論じた批評書．

『ぼくは勉強が出来ない』（平成3，1991）　山田詠美著．勉強はできないがスポーツ好きで女の子にもてる高校生「ぼく」の物語．

『丸の内アフター5』（昭和62，1987）　泉麻人作．月刊『現代』昭和61年3月号～12月号に掲載された，その時期の東京丸の内オフィス街のサラリーマンたちの世態を活写したもの．

『卍』（昭和3-5，1928-30）　谷崎潤一郎著．大阪の女性の打ち明け話を小説家が聞き取るという趣向で，全編関西弁によって物語が語られている．

『民権自由論』（明治12，1879）　植木枝盛著．民権と自由を主に下層社会の人々に向かって，わかりやすく談話体（「ござる」体）で説いたもの．

『武蔵野』（『読売新聞』附録，明治20，1887）　山田美妙著．言文一致体の「だ体」を使用していることで知られているが，使用度の点では「た体」の半数である．

『ものわり　の　はしご』（明治7，1874）　イギリスの文献を基に清水卯三郎が訳述した科学入門書．全文ひらがな，文体は「である」体で，清水の言文一致思想の実践でもある．

『訳鍵』（文化7，1810）　藤林普山編．『波留麻和解』の見出し語を約3万語に縮約した廉価版蘭和辞典．

『やまびこ学級』（昭和26，1951）　生活綴り方の指導を行った中学校教師，無着成恭が山形県山元村中学校での成果をまとめた詩・作文集．

『遊仙窟』（7世紀末）　1巻．漢籍．伝奇小説類．唐の張鷟(チョウサク)作．旅に出た張生が道に迷い，神仙の窟に一夜の宿を求めて，崔十娘と五嫂との歓待を受ける物語．

『幼学読本』初歩・1～7，8冊（明治20，1887）　西邨貞著．「例言」に「其ノ会話体ハ専ラ東京士君子ノ間ニ行ハルル語音ヲ以テ標準ト為セリ」と記されている．

『洋語音訳箋』（明治5，1872）　村田文夫（1836-1891）編．中国で出版された漢訳洋書から人名・地名の音訳漢字表記語を中心に抽出し，イロハ順に配列し，解説しているもの．

『欧羅巴文明史』（明治10，1877）　14巻・フランス語で書かれたギゾーの原著を米国のヘンリーが1842年英訳．永峰秀樹が日本語訳し，出版したものがもっとも流布した．

付録1　本文中でとりあげた文学作品と他の資料

『蘭学階梯』（天明8，1788）　大槻玄沢著．蘭学の入門書で，下巻ではオランダ語について（表記法，句読法，訳法など）概説している．

『流転』（『国民之友』第58号明治22，1889）　嵯峨の屋おむろ著．「であります」は全体で7例中，冒頭に3例用いられ，目立っていた．

『ローマ盛衰記』（明治16，1883）　モンテスキュー原著．1734年刊行．日本では三冊本として訳されたもの．「ローマ人盛衰原因論」とも．

『羅馬字にて日本語の書き方』（明治18，1885）　外山正一・箕作佳吉（みつくり）・山川健次郎・寺尾寿・チャンブレンらが羅馬字会を設立し，そこで発表された日本語をローマ字で書き記すための留意点を述べたもの．

『和英語林集成』（初版慶応3，1867）　ヘボン編．第9版まで版が重ねられ，他に縮約版，翻刻版がある．ヘボンによる改正増補が第3版までである．近代日本語の成立と展開を知るための基本的な辞書．

『吾輩は猫である』（明治38-39，1905-06）　夏目漱石著．苦沙弥先生をはじめ，明治の教養人たちの生態を飼い猫の目を通して風刺的に描いた作品．

『和玉篇』（わごくへん）　室町時代から江戸時代にかけて広く用いられた部首分類による字形引き漢和字書．漢字を読み，理解するための代表的な辞書．

『和蘭字彙』（天保4，1833成立，安政2-5，1855-1858刊）　桂川甫周校訂刊行．例文を備えた本格的な蘭和辞典．

付録2　近代日本語史年表

(資料・事項は刊行・発表・掲載開始の月順に並べたが、これに従わない場合もある．掲載の選択は編者によった．)

	西暦	元号	日本語関連事項	歴史的事件
江戸	1853	嘉永6		ペリー，浦賀来航
	1854	7	『三語便覧』（村上英俊）	日米和親条約
	1855	安政2	『和蘭字彙』（桂川甫周・桂川国幹，〜安政5年）	
	1857	4	『英語箋』（村上英俊）	
	1860	万延元	『増訂華英通語』（福沢諭吉）	
	1862	文久2	『英和対訳袖珍辞書』（堀達之助ら）	
	1863	3	『Colloquial Japanese』（S. R. ブラウン）	
	1864	元治元	『仏語明要』（村上英俊）	
	1866	慶応2		前島密，「漢字御廃止之議」を将軍徳川慶喜に建白
	1866	3	『和英語林集成』（J. C. ヘボン）初版刊	
	1868	4 (明治元)	『中外新聞』『太政官日誌』『もしほ草』創刊	9月8日より明治元年 明治維新
明治	1869	2	『薩摩和訳英辞書』（薩摩学生）	
	1870	3	『西洋道中膝栗毛』第1編（仮名垣魯文，第12編から総生寛，〜第15篇，明治9年）	
	1871	4	日刊新聞『横浜毎日新聞』創刊『西国立志編』（中村正直訳）『安愚楽鍋』初編・二編（仮名垣魯文，三編，明治5年），『新聞雑誌』創刊 『語彙』あの部（文部省編）	文部省創設
	1872	5	『東京日日新聞』『郵便報知新聞』創刊『学問のすすめ』（福沢諭吉）『自由之理』（中村正直訳）『和英語林集成』再版（J. C. ヘボン）	学制発布 新橋・横浜間鉄道開業 太陽暦を採用
	1873	6	『附音英和字彙』（柴田昌吉・子安峻）『小学読本』（田中義廉）	
	1874	7	『小学日本文典』（田中義廉）『明六雑誌』『読売新聞』創刊	
	1875	8	『平仮名絵入新聞』『東京曙新聞』『仮名読新聞』創刊	この前後，ドイツにおいて青年文法学派活躍
	1876	9	『日本文典』（中根淑）	
	1877	10		西南戦争

付録2 近代日本語史年表

	西暦	元号	日本語関連事項	歴史的事件
明治	1878	11	『新説八十日間世界一周』(川島忠之助訳)『欧州奇事花柳春話』(丹羽純一郎訳)『文芸類纂』(榊原芳野)	
	1879	12	『朝日新聞』創刊『英華和訳字典』(津田仙・柳沢信大・大井鎌吉)	教育令発布
	1880	13	『九十七時二十分間月世界旅行』(井上勤訳)	
	1881	14	『哲学字彙』(井上哲次郎)『天衣紛上野初花』『島衛月白浪』(河竹新七)初演	
	1882	15	『新体詩抄』(外山正一・矢田部良吉・井上哲次郎)『言海』(大槻文彦)初稿成る	
	1883	16	『増補雅言集覧』『訂増英華字典』(羅布存徳著,井上哲次郎訂増)『維氏美学』(中江兆民訳)	
	1884	17	『怪談牡丹燈籠』(三遊亭円朝演述,若林玵蔵筆記)	
	1885	18	『我楽多文庫』『女学雑誌』創刊『小説神髄』『一読三歎当世書生気質』(坪内逍遙)『欧洲奇事繋思談』(藤田茂吉・尾崎庸夫訳)	羅馬字会創立
	1886	19	『日本文体文字新論』(矢野文雄)『言文一致』(物集高見)『読書入門』(文部省)『改正増補和英語林集成』三版(J.C.ヘボン)『日本文章論』(末松謙澄)	小学令・中学令・師範学校令公布 帝国大学創立,博言学科設置
	1887	20	『幼学読本』(西邨貞)『日本読本』(三宅末吉・新保磐次)『新編浮雲』(二葉亭四迷)『増補雅言集覧』(石川雅望編,中島広足補)『尋常小学読本』『高等小学読本』(文部省編輯局)	
	1888	21	『あひびき』(二葉亭四迷訳)『夏木立』(山田美妙)『薄命の鈴子』(嵯峨の屋お室)『和漢雅俗いろは辞典』(高橋五郎)	この年以降,言文一致の論多く現れる
	1889	22	『言海』第1分冊(大槻文彦,～第4分冊明治24年)	大日本帝国憲法発布
	1890	23	『舞姫』(森鴎外)『国民新聞』創刊『小公子』(若松賤子訳,～明治25年)	教育勅語発布
	1891	24	『二人女房』(尾崎紅葉～明治25年12月)	
	1892	25	『日本大辞書』第1分冊(山田美妙,～第12分冊明治26年12月)	
	1893	26	『文学界』創刊	
	1894	27	『滝口入道』(高山樗牛)『国学院雑誌』創刊	日清戦争始まる
	1895	28	『帝国文学』創刊『国語のため』(上田万年)	
	1896	29	『多情多恨』(尾崎紅葉)『帝国大辞典』(藤井乙男・草野清民)『古事類苑』(神宮司庁,～大正3年)	

付録2　近代日本語史年表

	西暦	元号	日本語関連事項	歴史的事件
明治	1897	30	『金色夜叉』(尾崎紅葉)『広日本文典』『同別記』(大槻文彦)『ほとゝぎす』創刊	「国語研究室」(帝国大学文科大学)設置
	1898	31	『続金色夜叉』(尾崎紅葉)『ことばの泉』(落合直文)	言語学会創立
	1899	32	『続々金色夜叉』(尾崎紅葉)『国語読本』(坪内雄蔵)	家庭小説流行する 写生文出現する
	1900	33	『言語学雑誌』(言語学会)『明星』創刊『はつ姿』(小杉天外)	
	1901	34	『日本俗語文典』(松下大三郎)『みだれ髪』(与謝野晶子)『牛肉と馬鈴薯』(国木田独歩)	
	1902	35	『はやり唄』(小杉天外)『続々金色夜叉続編』(尾崎紅葉)	国語調査委員会設置
	1903	36	『新続金色夜叉』(尾崎紅葉)『魔風恋風』(小杉天外)『尋常小学読本』(文部省)第一期国定読本	国定教科書制公布(明治37年施行)
	1904	37	『和仏大辞典』(ルマレシャル)『良人の告白』(木下尚江)	日露戦争始まる
	1905	38	『音韻分布図』『音韻調査報告書』(国語調査委員会)『吾輩は猫である』(夏目漱石)『文法上許容スヘキ事項』(文部大臣告示)『青春』(小栗風葉)	
	1906	39	『破戒』(島崎藤村)『坊つちやん』(夏目漱石)『口語法調査報告書』『口語法分布図』(国語調査委員会)	
	1907	40	『送仮名法』(国語調査委員会)『明治事物起源』(石井研堂)『虞美人草』(夏目漱石)『蒲団』(田山花袋)	小学校令改正
	1908	41	『漢字要覧』(国語調査委員会)『あめりか物語』(永井荷風)『三四郎』(夏目漱石)	
	1909	42	『それから』(夏目漱石)『ヰタ・セクスアリス』(森鷗外)『田舎教師』(田山花袋)	
	1910	43	『尋常小学読本』(文部省)(第二期国定読本)『青年』(森鷗外)『土』(長塚節)	
	1911	44	『日本口語法』(保科幸一)『口語体書簡文に関する調査報告書』(国語調査委員会)	
大正	1912	45 (大正元)	『新式独和大辞典』(登張信一郎)『疑問仮名遣』(国語調査委員会)	7月30日より大正元年
	1913	2	『現代の国語』(日下部重太郎)	
	1914	3	『心』(夏目漱石)『安井夫人』(森鷗外)	第一次世界大戦始まる

	西暦	元号	日本語関連事項	歴史的事件
大正	1915	4	『あらくれ』(徳田秋声)『日本外来語辞典』(上田万年ら)『道草』(夏目漱石)『大日本国語辞典』(松井簡治)	
	1916	5	『標準日本口語法』(松下大三郎)『蝸牛考』(柳田国男)『東亜語源誌』(新村出)『明暗』(夏目漱石)『腕くらべ』(永井荷風)『芋粥』(芥川龍之介)『時は過ぎ行く』(田山花袋)『口語法』(国語調査委員会)	
	1917	6	『口語法別記』(国語調査委員会)『神経病時代』(広津和郎)	
	1918	7	『尋常小学読本』(文部省)(黒読本)『尋常国語読本』(文部省)(白読本)『学生時代』(久米正雄)『田園の憂鬱』(佐藤春夫)	
	1919	8	『或る女』(有島武郎)『友情』(武者小路実篤)	
	1920	9	『口語文用例案』(文部省普通学務局)『真珠夫人』(菊池寛)	
	1921	10	『暗夜行路』(志賀直哉,～昭和12年)	
	1922	11	『黒髪』(近松秋江)『外来語の研究』(前田太郎)	
	1923	12	『日輪』(横光利一)『無限抱擁』(滝井孝作)	臨時国語調査会,「常用漢字表」を発表 関東大震災
	1924	13	『国語と国文学』創刊『頭ならびに腹』(横光利一)『標準日本文法』(松下大三郎)	臨時国語調査会,「仮名遣改定案」を発表
	1925	14	『国語国文の研究』(後『国語国文』に改題)創刊『広辞林』(金沢庄三郎)『檸檬』(梶井基次郎)『屋根裏の散歩者』(江戸川乱歩)	
昭和	1926	15 (昭和元)	『伊豆の踊子』(川端康成)『春は馬車に乗って』(横光利一)	日本放送協会,放送開始 12月25日より昭和元年
	1927	2	『或阿呆の一生』(芥川龍之介)	
	1928	3	『波』(山本有三)『真知子』(野上弥生子)『放浪記』(林芙美子)	東京方言研究会創立
	1929	4	『夜明け前』(島崎藤村,～昭和10年)『太陽のない街』(徳永直)『浅草紅団』(川端康成)	
	1930	5	『標準日本口語法』(松下大三郎)『蝸牛考』(柳田国男)『機械』(横光利一)『聖家族』(堀辰雄)	
	1931	6	『方言』創刊『話言葉の研究と実際』(神保格)『敬語法の研究』(山田孝雄)『つゆのあとさき』(永井荷風)	満州事変起こる

付録2　近代日本語史年表

	西暦	元号	日本語関連事項	歴史的事件
昭和	1932	7	『三文オペラ』(武田麟太郎)『大言海』(大槻文彦,〜昭和12年)『女の一生』(山本有三,〜昭和18年)	
	1933	8	『基礎日本語』(土居光知)『小学国語読本』第四期国定読本(さくら読本)使用開始　『若い人』(石坂洋次郎,〜昭和12年)『色ざんげ』(宇野千代,〜昭和11年)	
	1934	9	『銀座八丁目』(武田麟太郎)『大辞典』『文章読本』(谷崎潤一郎)	
	1935	10	『東京方言集』(斎藤秀一)『真実一路』(山本有三)『仮装人物』(徳田秋声,〜昭和13年)『辞苑』(新村出)	
	1936	11	『現代日本語の表現と語法』(佐久間鼎)『風立ちぬ』(堀辰雄)	
	1937	12	『路傍の石』(山本有三)『若い人』(石坂洋次郎)『旅愁』(横光利一)『雪国』(川端康成)『生活の探究』(島木健作)	日華事変起こる
	1938	13	『暖流』(岸田国士)『巴里祭』(岡本かの子)『土と兵隊』(火野葦平)	日本言語学会創立
	1939	14	『多甚古村』(井伏鱒二)『歌のわかれ』(中野重治)『生々流転』(岡本かの子)	第二次世界大戦始まる
	1940	15	『全日本アクセントの諸相』(平山輝男)『得能五郎の生活と意見』(伊藤整)『オリンポスの果実』(田中英光)	日本方言学会創立
	1941	16	『菜穂子』(堀辰雄)『日本語』創刊『外来語辞典』(荒川惣兵衛)『日本基本漢字』(大西雅雄)	国民学校令施行規則公布 太平洋戦争始まる
	1942	17	『話言葉の文法』(三尾砂)『現代日本語の研究』(国語学振興会)『日本語基本文型』(青年文化協会)	
	1943	18	『日本語アクセント辞典』(日本放送協会)『細雪』(谷崎潤一郎,〜昭和23年)『国語アクセントの話』(日本方言学会)『日本語の言語理論的研究』(佐久間鼎)	
	1944	19	『東北の方言』(小林好日)『日本語基本語彙』(国際文化振興会)『花ざかりの森』(三島由紀夫)	国語学会創立
	1945	20		第二次世界大戦終わる
	1946	21	『播州平野』(宮本百合子)『暗い絵』(野間宏)『桜島』(梅崎春生)『当用漢字』『現代かなづかい』公布	日本国憲法公布

付録2　近代日本語史年表

	西暦	元号	日本語関連事項	歴史的事件
昭和	1947	22	『厭がらせの年齢』（丹羽文雄）『青い山脈』（石坂洋次郎）『斜陽』（太宰治）	六・三制学校制度実施 日本国憲法実施
	1948	23	『当用漢字別表』『当用漢字音訓表』公布『人間失格』（太宰治）『国語学』創刊『東京語の性格』（中村通夫）	国立国語研究所設置法成立公布
	1949	24	『真理先生』（武者小路実篤）『千羽鶴』（川端康成）『仮面の告白』（三島由紀夫）『足摺岬』（田宮虎彦）	『当用漢字字体表』公布 中華人民共和国成立 新制大学発足 国語審議会改組新発足
	1950	25	『武蔵野夫人』（大岡昇平）『鳴海仙吉』（伊藤整）『方言語彙学的研究』（小林好日）	録音器の利用広まる 朝鮮戦争始まる
	1951	26	『現代語の助詞・助動詞』（国立国語研究所）『三等重役』（源氏鶏太、〜昭和27年）『現代口語の実相』（湯沢幸吉郎）『言語生活』創刊	サンフランシスコ講和条約 民間放送開始
	1952	27	『辞海』（金田一京助）『これからの敬語』（文部省）発表	
	1953	28	『地域社会の言語生活』（国立国語研究所）『婦人雑誌の用語』（国立国語研究所）『悪い仲間』（安岡章太郎）『現代語法序説』（三上章）	NHK・民間，テレビ放送開始
	1954	29	『日本方言学』（東条操）『驟雨』（吉行淳之介）『アメリカン・スクール』（小島信夫）『プールサイド小景』（庄野潤三）	
	1955	30	『流れる』（幸田文）『雲の墓標』（阿川弘之）『談話態の実態』（国立国語研究所）『解釈』創刊『綜合日本民俗語彙』（民俗学研究所編、〜昭和31年）『太陽の季節』（石原慎太郎）『国語学辞典』（国語学会）『大漢和辞典』（諸橋轍次、〜昭和35年）	中国、「漢字簡化方案」草案発表 解釈学会創立
	1956	31	『金閣寺』（三島由紀夫）『氷壁』（井上靖）『国文学　解釈と教材の研究』創刊『文学・語学』創刊『氾濫』（伊藤整）『挽歌』（原田康子）	週刊誌ブーム始まる 全国大学国語国文学会創立 計量国語学会創立
	1957	32	『敬語と敬語意識』（国立国語研究所）『総合雑誌の用語』（国立国語研究所）『江戸語東京語の研究』（松村明）『海と毒薬』（遠藤周作）	

付録2 近代日本語史年表

	西暦	元号	日本語関連事項	歴史的事件
昭和	1958	33	『飼育』(大江健三郎)『教育基本語彙』(阪本一郎)	
	1959	34	『日本三文オペラ』(開高健)『明治初期の新聞の用語』『日本方言の記述的研究』(国立国語研究所)『海辺の光景』(安岡章太郎)	近代語学会創立
	1960	35	『近代日本語の成立』(杉本つとむ)『夜と霧の隅で』(北杜夫)『話しことばの文型(1)』(国立国語研究所)『象ハ鼻ガ長イ』(三上章)『総合雑誌の用字』(国立国語研究所)	
	1961	36	『言語生活の探究』(西尾実)『同音語の研究』(国立国語研究所)『国語学研究』創刊	
	1962	37	『楡家の人びと』(北杜夫)『明治以後 国字問題諸案集成』(吉田澄夫・井之口有一編)『現代雑誌九十種の用語用字』(国立国語研究所)『方言学概説』(国語学会編)	外国人のための日本語教育学会創立
	1963	38	『空中庭園』(中村真一郎)『火宅』(檀一雄)『江分利満氏の優雅な生活』(山口瞳)	
	1964	39	『分類語彙表』(国立国語研究所)『されどわれらが日々』(柴田翔)『日本の方言区画』(日本方言研究会)『氷点』(三浦綾子)	東京オリンピック開催 東海道新幹線開業
	1965	40	『類義語の研究』『共通語化の過程』(国立国語研究所)『抱擁家族』(小島信夫)『近代文体発生の史的研究』(山本正秀)	
	1966	41	『戦後の国民各層の文字生活』(国立国語研究所)『日本語発音アクセント辞典』(NHK放送文化研究所)『沈黙』(遠藤周作)『国語学論説資料』(論説資料保存会編)刊行開始	
	1967	42	『カクテル・パーティー』(大城立裕)『近代日本語の新研究』(杉本つとむ)	
	1968	43	『電子計算機による国語研究』(国立国語研究所)『三匹の蟹』(大庭みな子)『月刊文法』創刊	
	1969	44	『赤頭巾ちゃん気をつけて』(庄司薫)『近代訳語考』(広田栄太郎)『近代語の成立』(森岡健二)『アカシヤの大連』(清岡卓行)	アポロ11号月面着陸
	1970	45	『電子計算機による新聞の語彙調査』(国立国語研究所)『洋学資料と近代日本語の研究』(松村明)『杳子』(古井由吉)	よど号ハイジャック事件
	1971	46	『待遇表現の実態』(国立国語研究所)『現代語助動詞の史的研究』(吉田金彦)『言文一致の歴史論考』(山本正秀)『新聞文章の研究』(斎賀秀夫)『現代表現考』(宮地裕)	

付録2　近代日本語史年表　　165

	西暦	元号	日本語関連事項	歴史的事件
昭和	1972	47	『動詞の意味・用法の記述的研究』『形容詞の意味・用法の記述的研究』（国立国語研究所）『たった一人の反乱』（丸谷才一）	連合赤軍浅間山荘事件
	1973	48	『幼児の文構造の発達』（国立国語研究所）	
	1974	49	『後期江戸ことばの敬語体系』（小島俊夫）『江戸語大辞典』（前田勇編）	
	1975	50	『方言と標準語』（大石初太郎・上村幸雄編）『現代日本語の語順』（佐伯哲夫）	
	1976	51	『近代文章の成立に関する基礎的研究』（木坂基）『近代文章研究』（林巨樹）『限りなく透明に近いブルー』（村上龍）『現代日本語〈朝日小辞典〉』（柴田武編）『日本の方言地理学のために』（グロータース）	ロッキード事件
	1977	52	『エーゲ海に捧ぐ』（池田万寿夫）『近代語誌』（吉川泰雄）『僕って何』（三田誠広）『辞書と日本語』（見坊豪紀）『明治のことば』（斎藤毅）『作家の文体』（中村明）	
	1978	53	『猫の殺人』（吉行理恵）『漢語と日本人』（鈴木修次）『日本方言の語彙』（日本方言研究会編）	
	1979	54	『全国方言基礎語彙の研究序説』（平山輝男編）『近代文体形成史料集成』（山本正秀編）『日本の方言地図』（徳川宗賢編）『風の歌を聴け』（村上春樹）『日本語と女』（寿岳章子）	
	1980	55	『明治諸作家の文体』（岡本勲）『なんとなくクリスタル』（田中康夫）	
	1981	56	『小さな貴婦人』（吉行理恵）『近代国語辞書の歩み』（山田忠雄）『吉里吉里人』（井上ひさし）『明治時代語の研究』（進藤咲子）	
	1982	57	『図説　日本語』（林大監修）『翻訳語成立事情』（柳父章）『佐川君からの手紙』（唐十郎）	
	1983	58	『現代敬語研究』（大石初太郎）『優しいサヨクのための嬉遊曲』（島田雅彦）『横浜ストリートライフ』（佐江衆一）	
	1984	59	『漢語研究の構想』（池上禎造）	
	1985	60	『新しい日本語』（井上史雄）『近代作家の文体』（根岸正純）『火まつり』（中上健次）	
	1986	61	『幕末・明治初期語彙の研究』（佐藤亨）『シングル・セル』（増田みず子）『明治のことば辞典』（惣郷正明・飛田良文編）	チェルノブイリ原発事故

	西暦	元号	日本語関連事項	歴史的事件
昭和	1987	62	『星条旗の聞えない部屋』(リービ英雄)『雑誌用語の変遷』(国立国語研究所)『スティル・ライフ』(池沢夏樹)『鴎外の語法』(山鳥鋭男)『キッチン』(吉本ばなな)	
	1988	63	『東京語の歴史』(杉本つとむ)『近代文章成立の諸相』(木坂基)『江戸—東京語一一八語』(杉本つとむ)『日本語百科大辞典』(金田一春彦他編)『漢字の未来』(野村雅昭)『現代語彙の研究』(西尾寅弥)『日本文学における漢語表現』(小島憲之)『由熙』(李良枝)	リクルート疑惑
平成	1989	64 (平成元)	『現代語の展開』(佐伯哲夫)『流行語の昭和史』(稲垣吉彦)『新語と流行語』(米川明彦)『表層生活』(大岡玲)	1月8日より平成元年 天安門事件 東西ドイツ統一
	1990	2	『スタイリッシュ・キッズ』(鷺沢萌)『日本語矯めつ眇めつ』(石山茂利夫)『妊娠カレンダー』(小川洋子)『近代漢語辞書の成立と展開』(松井利彦)	
	1991	3	『自動起床装置』(辺見庸)『背負い水』(荻野アンナ)	湾岸戦争 ソ連崩壊
	1992	4	『現代語助詞「は」の構文論的研究』(青木伶子)『現代日本語の語構成論的研究』(斎藤倫明)『東京語成立史の研究』(飛田良文)『言語地理学研究』(馬瀬良雄)『近代語の成立』(佐藤亨)	
	1993	5	『女ざかり』(丸谷才一)『方言地理学の展開』(徳川宗賢)	
	1994	6	『近代日本語彙交流史』(沈国威)『方言学の新地平』(井上史雄)『石に泳ぐ魚』(柳美里)『語彙論研究』(宮島達夫)	
	1995	7	『国語学の五十年』(国語学会編)『星祭りの町』(津村節子)	阪神大震災 地下鉄サリン事件
	1996	8	『蛇を踏む』(川上弘美)	
	1997	9	『水滴』(目取真俊)『日中学術用語の形成と伝播』(荒川清秀)	
	1998	10	『国語史のなかの漢語』(浅野敏彦)『近代日本語の研究』(京極与一)『ブエノスアイレス』(藤沢周)『ゲルマニウムの夜』(花村万月)『図説 日本の漢字』(小林芳規)『近代漢字表記語の研究』(田島優)	
	1999	11	『欧文訓読の研究』(森岡健二)『近代日本語論考』(松村明)『近代国語辞書編纂史の基礎的研究—『大言海』への道—』(犬飼守薫)	

付録2　近代日本語史年表

	西暦	元号	日本語関連事項	歴史的事件
平成	2000	12	『花腐し』（松浦寿輝）	
	2001	13	『近代日本語の文法と表現』（田中章夫）『和製漢語の形成とその展開』（陳力衛）『教育基本語彙の基本的研究』（国立国語研究所）『日本語は生き残れるか』（井上史雄）『漢字と日本人』（高島俊男）『聖なる水』（山口由美）『近代日本語における用字法の変遷―尾崎紅葉を中心に―』（近藤瑞子）	自衛隊が海外で軍事支援
	2002	14	『蛇にピアス』（金原ひとみ）『蹴りたい背中』（綿矢りさ）『日本文法の謎を解く』（金谷武洋）『近代日本語の語彙と語法』（田中章夫）『近代日本語における学術用語の成立と定着』（真田治子）『国語一〇〇年』（倉島長正）『明治・大正・昭和の新語・流行語辞典』（米川明彦）	
	2003	15	『近代日中新語の創出と交流』（朱京偉）	
	2004	16	『日本語の「配慮表現」に関する研究』（彭飛）『現代日本語の漢語動名詞の研究』（小林英樹）『方言学的日本語史の方法』（小林隆）『明治文学ことばの位相』（十川信介）	

索　引

あ　行

芥川竜之介　138
『安愚楽鍋』　10,25
アダムス　8
『あひびき』　136
『諳厄利亜語林集成』　6

異語的同語　74
伊沢修二　15
石川　淳　140
石川雅望　82
『板橋雑記』　35
一字多訓　69
『一讀三嘆 当世書生気質』　56,58,135
伊能忠敬　3
井原西鶴　70

植木枝盛　129
上田万年　15,49,91,134
浮世草子　70
牛山初男　123
内田魯庵　55

英華字典　34
『英和対訳辞書』　7
『英和対訳袖珍辞書』　7
『英和和英字彙大全，英和之部』　11
江戸語　102
『江戸波留麻』　3

『欧州奇事 花柳春話』　23,25,54,131
『欧州新話 谷間の鶯』　26,27
往来物　23,25
太田全斎　83
大槻玄沢　128
大槻文彦　88,90,92
岡倉由三郎　15
小川為治　129
尾崎紅葉　13,55,69,129,136
オノマトペ　106
お触　19
『女四季文章』　23
音訳語　47

か　行

『外史訳語』　37
『改修言泉』　96
艾儒略　5
『改正増補 英和対訳袖珍辞書』　7
『改正増補 和英語林集成』　31
『解体新書』　4
『怪談 牡丹燈籠』　135
外来語　2,49,99
学制公布　25
『学問のすゝめ』　131
『雅言集覧』　82,85
『佳人之奇遇』　36
カタカナ語　51,56,58
『かた言』　109
『隔鞾論』　39
『河童相伝胡瓜遣』　27
加藤弘之　129
加藤祐一　129

仮名垣魯文　10,137
金沢庄三郎　49,91,93
仮名草子　102
仮名表記率　65
仮名文体　68
簡易慣用字体　80
『漢英対照いろは辞典』　87
漢音　24,25
漢学　24
漢語　22,34,97
漢語辞書　19,34
『漢語字類』　17,20,82
漢語都々逸　22
『漢語便覧』　20
『漢語訳解普通用文章』　23
『漢語類苑大成』　20
漢字御廃止之儀　127
漢字仮名交じり文　68
漢字含有率　65,68
漢字表記　2
漢籍　23
『官版語彙』　85
漢文訓読　36
漢文体　68
漢訳仏典　23
漢訳洋書　34,36

基本語彙　99
義務教育　25
『共産党宣言』　48
共通語　15,116
キリシタン　51
キリシタン用語　1
近世中国語　32,70,76,79

『近代漢語の成立と展開』 83
『近代国語辞書の歩み』 84
金田一京助 93

黒住 真 34
訓点 33
訓読語 47

『経国美談』 36
啓蒙書 23
『月刊民芸』 15
『言苑』 93
言語地理学 120
厳複 48
言文一致運動 24,65,70
言文一致体 14,70

『広益英倭辞典』 7
『広益漢語伊呂波字引』 40
『江湖新聞』 19
口語法調査報告書 117
口語法分布図 117
『広辞苑』 94
『広辞林』 91
『講談社日本語大辞典』 94
呉音 24,25
国語調査委員会 117
『国語のため』 49
国字 47
国定教科書 15
国定尋常小学読本 134
国立国語研究所 117
語釈 23
『胡蝶』 136
滑稽本 68
『ことばのその』 87
『ことばのはやし』 90
『五方通語』 7
『Compendium』 52
『こんてむつすーむん地』 53
近藤真琴 87

さ 行

『西國立志編』 28,30,132
『最後の一句』 50
嵯峨の屋おむろ 14,136
『雑字類編』 33
『薩摩辞書』 7
佐藤亨 5
『サルワトルームンヂ』 52
『三語便覧』 7
『三四郎』 50
『三兵答古知機』 29
三遊亭円朝 135

『辞苑』 92
字音表記 77
志賀直哉 138
『史記』 39
字順 26
四書五経 25
『市政日誌』 19
島崎藤村 134
清水卯三郎 134
洒落本 66
『重訂解体新書』 5
『自由之理』 132
『十八史略』 35
儒学 34
熟字訓 70
熟字表記 68,76
儒書 24
『春風情話』 131
『小学会話之捷径』 129
『小公子』 136
『小辞林』 93
『小説三言』 35
『小説神髄』 23,134
『掌中早字引集』 21
常用漢字表 69,80
常用訓 69
『職方外記』 5
『辞林』 49,91
『新語新知識 附常識辞典』 45

『尋常小学読本』 15
『真政大意』 31
『新説八十日間世界一周』 26,131
『新撰字解』 20,22
『新撰字類』 20
『新潮国語辞典』 92,95
新聞 19
『新聞画引』 19,20
『新編浮雲』 18,22,133
新村 出 94
『新明解国語辞典』 95
『新令字解』 10,19,84

スピリッツ 52

政治小説 36,74
『政治小説 雪中梅』 36
『西洋道中膝栗毛』 137
『生理発蒙』 28
『世界節用無尽蔵』 22
『絶世奇談魯敏孫漂流記』 29
接頭辞 101
『節用集』 21,34,82,85
『剪燈新話』 35

『増補新令字解』 20
『増補布令字辨』 20,40
『それから』 136

た 行

『大言海』 44,90,91,94
『大辞典』 91
『大正増補 和訳英辞林』 7
『大辞林』 45,94
『大日本国語辞典』 91,94
代用表記 74
高橋五郎 87
『竹沢先生と云ふ人』 55
『太政官日誌』 19
『多情多恨』 55
だ体 14
「た」止め 14

谷川士清　82
谷崎純一郎　138
田山花袋　138

『中外新聞』　19
中国漢訳洋学書　5
抽象化　28,30

『通俗 花柳春話』　25,132
坪内逍遥　14,42,56,131,134
『罪と罰』　55

であります体　14
定訓　69
『帝国大辞典』　90
です体　14
『哲学字彙』　11,43
寺子屋　25

同音表記　77
『東京城日誌』　19
『東京日日新聞』　26
同訓異字　68
東条 操　114
『道訳法爾馬』　3,128
『童蒙必読漢語図解』　17,22
当用漢字　77
当用漢字表　71,80
唐話資料　32
『読書入門』　56
徳富蘇峰　131
『どちりいな-きりしたん』　52
都々逸　22
賭博用語　111
『都鄙新聞』　9,17

な 行

『内外新報字類』　83
長崎通詞　3
中村正直　38
長与善郎　55
夏目漱石　13,50,102,133,137
南蛮学　1

新島襄書簡　27
西 周　128
西邨 貞　15
『日々新聞』　19
日誌　19
『日誌字解』　20
『日本開化小史』　36
『日本外史』　36,37
『日本言語地図』　117
『日本語会話』　128
『日本国語大辞典』　92,94
『日本辞書 言海』　44,88,90
『日本大語誌』　93
『日本大辞書』　44,90
『日本大辞典 ことばの泉』　91
『日本略史』　36
丹羽純一郎　131
人情本　68

は 行

『白玉蘭』　136
『博物新編』　37,41
白話小説　70
橋本治　139
パソコン用語　60
『波留麻和解』　3
藩校　25
『万国史』　36
『萬法精理』　30
『萬里絶域北極旅行』　29

左ルビ　23
『百一新論』　129
表外漢字　79
表外漢字字体表　80
標準語　15,115,134
平仮名交じり　66
平田篤胤　128
『稟准和訳英辞書』　7

『諷誡京わらんべ』　31
福沢諭吉　130,134
福地桜痴　131

布告　19
『富士額男女繁山』　18
布達　19
二葉亭四迷　14,129,135
普通語　15
『普通術語辞彙』　44
仏書　24
「振り仮名廃止」論　71
『布令字辨』　19,20,34
『布令必携新聞字引』　20
『文学大概』　140
文末表現　14

『平凡』　18
『鼇頭挿圖日本外史字類講義』　37
ヘボン　88
ベランメエ言葉　138
方言区画論　114
方言周圏論　114,120
方言札　15,124
方言文法全国地図　120
方言撲滅論　15
『ぼくたちの近代史』　139
『ぼくは勉強が出来ない』　139
ポルトガル語　1,56
翻訳語　2
翻訳書　23
翻訳小説　53
翻訳文学　23

ま 行

前島密　128
正岡子規　102
麻雀用語　111
交ぜ書き表記　79
松井簡治　91,94
松井利彦　83
丸山真男　36
『卍』　138

箕作秋坪　43

『未味字解漢語都々逸』 22,23
『名語記』 109

『武蔵野』 136

『明解国語辞典』 93
『明六雑誌』 43

物集高見 87,90
『ものわりのはしご』 134
森 鷗外 50,134

や 行

『訳鍵』 3
訳語 32,33
安原貞室 109
柳田国男 114
山田詠美 139
山田忠雄 82
山田美妙 14,89,129,135
やまとことば 99
『やまびこ学校』 138

『遊仙窟』 35

洋学 24
『幼学読本』 15
洋語 50
『洋語音訳筌』 41
米川明彦 111
『読売新聞』 129
読み書き算盤 25
読本 12,68,70
『欧羅巴文明史』 36

ら 行

頼山陽 36
蘭学 1
『蘭学階梯』 128
『蘭説弁感』 56

俚言 112
『俚言集覧』 82,85
リーフデ号 8

列車構造 9
連結器 9
連濁 25
『聯邦志略』 36

羅馬字会 15
『羅馬字にて日本語の書き方』 15
『ローマ盛衰記』 36

わ 行

『和英語林集成』 8,24,88
『吾輩は猫である』 137
若松賤子 136
『和漢雅俗いろは辞典』 87
和漢混淆 100
『倭訓栞』 82,85,86
和刻 35
『和玉篇』 83
和語副詞 111
和製英語 49,60
和製漢語 11,32,33,76
渡辺修次郎 15,128
『和訳英語聯珠』 7
『和訳英辞書』 7

編著者略歴

佐(さ)藤(とう)武(たけ)義(よし)
1935年　宮城県に生まれる
1965年　東北大学大学院文学研究科博士課程単位取得退学
現　在　東北大学名誉教授

概説 現代日本のことば　　　定価はカバーに表示

2005年6月20日　初版第1刷
2010年4月25日　　第4刷

編著者	佐　藤　武　義
発行者	朝　倉　邦　造
発行所	株式会社　朝　倉　書　店

東京都新宿区新小川町 6-29
郵便番号　162-8707
電　話　03(3260)0141
ＦＡＸ　03(3260)0180
http://www.asakura.co.jp

〈検印省略〉

© 2005 〈無断複写・転載を禁ず〉　　新日本印刷・渡辺製本

ISBN 978-4-254-51027-0 C3081　　Printed in Japan

朝倉日本語講座

前筑波大学長　北原保雄　監修
Ａ５判　全10巻　完結

20世紀における日本語研究の成果を総括し，日本語の全領域にわたり，日本語の諸相を解明するとともに，最新の研究成果に基づく高度な内容を平易に論述。学会第一線で活躍する執筆陣による構成で，日本語に関心をもつ読者のための待望の本格的な講座。

第1巻	**世界の中の日本語** 早田輝洋 編	256頁
第2巻	**文　字　・　書　記** 林 史典 編	264頁
第3巻	**音　声　・　音　韻** 上野善道 編	304頁
第4巻	**語　彙　・　意　味** 斎藤倫明 編	304頁
第5巻	**文　　法　　Ⅰ** 北原保雄 編	288頁
第6巻	**文　　法　　Ⅱ** 尾上圭介 編	320頁
第7巻	**文　章　・　談　話** 佐久間まゆみ 編	320頁
第8巻	**敬　　　　　　語** 菊地康人 編	304頁
第9巻	**言　語　行　動** 荻野綱男 編	280頁
第10巻	**方　　　　　　言** 江端義夫 編	280頁